时代华商
物业管理
策划中心

组织编写

智慧物业管理与服务系列

物业管理与服务常用文书与表格范本

全国百佳图书出版单位

化学工业出版社

·北京·

内容简介

《物业管理与服务常用文书与表格范本》一书由物业管理与服务常用文书（文书写作概述、规范类文书、报请类文书、知照类文书、计划总结类文书）和物业管理与服务常用表格（表格的编制与管理、物业客户服务常用表格、物业秩序维护管理常用表格、物业消防安全管理常用表格、物业车辆与停车场管理常用表格、物业收费常用表格、物业工程管理常用表格、物业保洁管理常用表格、物业绿化管理常用表格）内容组成，均提供实用范本可为物业管理者提供参考。

本书可作为物业公司基层培训的教材，物业公司也可运用本书内容，结合所管辖物业的实际情况，制定有本公司特色的物业服务工作标准。

图书在版编目（CIP）数据

物业管理与服务常用文书与表格范本/时代华商物业管理
策划中心组织编写. —北京：化学工业出版社，2022.9（2024.7重印）
（智慧物业管理与服务系列）
ISBN 978-7-122-41482-3

Ⅰ.①物… Ⅱ.①时… Ⅲ.①物业管理-公文②物业管理-表格 Ⅳ.①F293.33

中国版本图书馆CIP数据核字（2022）第085987号

责任编辑：陈　蕾　　　　　　　　　　装帧设计：溢思视觉设计 E-mail: isstudio@126.com／程超
责任校对：赵懿桐

出版发行：化学工业出版社（北京市东城区青年湖南街13号　邮政编码100011）
印　　装：北京天宇星印刷厂
710mm×1000mm　1/16　印张14　字数183千字
2024年7月北京第1版第3次印刷

购书咨询：010-64518888　　　　　　售后服务：010-64518899
网　　址：http://www.cip.com.cn
凡购买本书，如有缺损质量问题，本社销售中心负责调换。

定　　价：59.80元　　　　　　　　　　　　　　　　版权所有　违者必究

前言
Preface

　　随着城市化进程的不断加快与深入，居民社区、写字楼、大型商场、公共基础服务设施、工业园区、学校、医院、景区等都对物业管理这一行业有着极大的需求。但是，针对不同等级的物业标准又为物业管理的要求提出了相应的规范，而现代高水平的物业管理正有推向智能化发展的趋势，打造一个便捷、舒适、高效、智能的物业管理氛围是现代物业管理不断向前发展的探索目标。

　　目前，物业管理行业不仅需要强化各项信息化手段在现代物业管理中的应用力度，还应促使现代物业管理向着智能化方向发展。突出现代物业管理的智能化内涵，满足现代化社区对其中物业管理提出的要求，为居民提供更加智能化、人性化的服务，推动物业服务高质量发展。

　　2020年，住房和城乡建设部、工业和信息化部、国家市场监督管理总局等6部门联合印发《关于推动物业服务企业加快发展线上线下生活服务的意见》中明确指出，要推进物业管理智能化，强调推动设施设备管理智能化。物业管理行业逐渐进入泛智慧化的新阶段，设施设备作为物业管理领域中的重点和难点，同时也是融合新技术进行价值赋能最好的试验田，成为各物业公司的"必争之地"，其中以建筑智能化为抓手进行数字化转型已成为发展智慧物业的主要落脚点之一。

智慧物业借助智慧城市、智慧社区起步发展，正逐步实现数字化、智慧化。智慧停车、智慧安防、智慧抄表、智能门禁、智能会议等智能化应用，在一定程度上提高了物业管理企业的态势感知、科学决策、风险防范能力，在激烈的市场竞争中为降本增效提供了充分的技术保障，进而增强企业的数字化治理能力。数字化治理是新时代下智慧物业管理应用的鲜明特征，将引领物业管理行业管理方式的深刻变革，推动面向建筑智能化的智慧物业应用迈向新高度。

现代物业管理既是机遇又是挑战，因此，物业服务企业要重视各类专业的智能化管理技术，从劳动密集型向技术密集型转变，不断学习更新管理服务技术，紧跟科技潮流，向着更广阔的发展前景迈进。

基于此，我们组织相关职业院校物业服务专业的老师和房地产物业咨询机构的老师联合编写了本书。

其中，《物业管理与服务常用文书与表格范本》一书由物业管理与服务常用文书（文书写作概述、规范类文书、报请类文书、知照类文书、计划总结类文书）和物业管理与服务常用表格（表格的编制与管理、物业客户服务常用表格、物业秩序维护管理常用表格、物业消防安全管理常用表格、物业车辆与停车场管理常用表格、物业收费常用表格、物业工程管理常用表格、物业保洁管理常用表格、物业绿化管理常用表格）内容组成，可为物业管理者提供参考。

　　本书在编写过程中引用的范本和案例，大都来自知名物业企业，但范本和案例是为了解读物业服务企业标准化实操的参考和示范性说明，概不构成任何广告。

　　由于编者水平有限，加之时间仓促、参考资料有限，书中难免出现疏漏与缺憾，敬请读者批评指正。

编　者

目录

Contents

第三章　报请类文书　　30

第四章　知照类文书

第二部分　113

物业管理与服务常用表格

第六章　表格的编制与管理　114

第一节　表格的编制　　　　　　　114

第八章　物业秩序维护管理常用表格　　138

第九章　物业消防安全管理常用表格

第十章　物业车辆与停车场管理常用表格 162

第一部分
Part one

物业管理与服务
常用文书

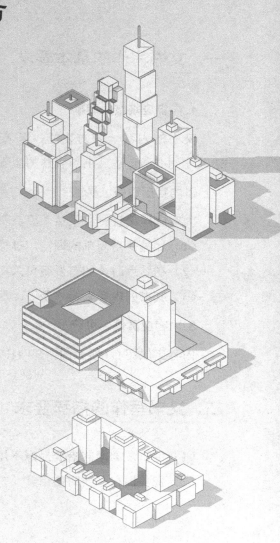

第一章　文书写作概述

第一节　文书的写作要求

一、文书写作的基本要求

1.内容应规范、明确

文书的内容一般为委托、申请、承认、催促、通知等，必须明确地表述，才能准确传达文书想表达的意图。

2.内容应通俗、易懂

内容应简单且一目了然，尽量不用不明确或抽象的话语。

（1）尽量使用简单的词汇，难懂的语言或外语尽量少用。

（2）在结束时，如有说明可采用附注、备注。

（3）文书的内容须简单明了，尽量讲重点。

3.内容应具体、可行

内容应以图1-1所示的"5W1H"为基准，大纲据此表述。

二、文书写作的措辞要求

（1）生僻及难懂的措辞最好不用。

（2）赞美词在必要时使用。

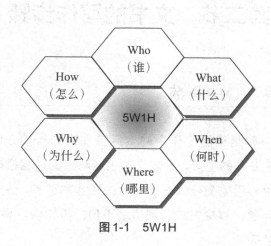

图1-1　5W1H

（3）专业用语、学术用语等原则上只适合用在正式文书中，若措辞比较长，在文书中频繁使用的时候可用"以下简称××"。

三、文书标题序号的使用

文书标题的分类编号须一目了然地排列，可按图1-2所示的类别来排序。

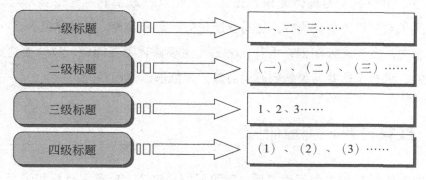

图1-2　标题的分类

第二节 文书的写作步骤

一、明确主旨，心中有数

任何一份文书都是根据工作中的实际需要来拟写的。因此，在动笔之前，首先要弄清楚发文的主旨，即发文的主题与目的，包括以下几项内容：

（1）文件的中心内容是什么？比如相关工作的改善，主要提出目前情况怎样？存在哪些问题，解决方式、需协助事项；再如请求事项，拟请上级机关答复或解决问题等。

（2）根据文件内容，准备采用什么文种？比如，汇报工作情况，是写专题报告还是写情况简报；针对下级来文所反映的问题，是写一个指示或复函，还是一个带规定性质的通知等。

（3）明确文件发送范围和阅读对象。比如，向上级汇报工作，还是向有关单位推广、介绍经验；是给领导、有关部门人员阅读，还是向全体人员进行传达。

（4）明确发文的具体要求。比如，是要求对方了解，还是要求对方答复，是供收文机关贯彻执行，还是参照执行、研究参考、征求意见等。

总之，发文必须明确采取什么方式，主要阐述哪些问题，具体要达到什么目的，只有对这些问题做到心中有数，才能够落笔起草。

二、搜集材料，调查研究

发文的目的和主题明确之后，就可以围绕这个主题搜集材料和进行一定的调查研究。当然，这也要根据具体的情况，并不是拟写每一份公文都要进行这一步工作。

比如，拟写一份简短的通知、公告，一般来说不需要专门做搜集材料和调查研究工作，在明确发文主旨之后，稍加考虑就可以提笔写作了。

但对于问题较为复杂，还要进行具体的分析和归纳；如拟订篇幅较长的文件，拟订工作计划、进行工作总结、起草规章、拟订条例、拟写工作指示等，往往都需要搜集有关材料和进行进一步调查研究工作。

怎样为拟写公文搜集材料和进行调查研究呢？方法如图1-3所示。

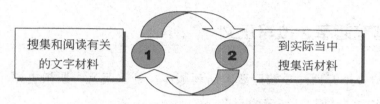

搜集和阅读有关的文字材料

到实际当中搜集活材料

图1-3 为拟写公文搜集材料和进行调查研究的方法

比如，要草拟本部门的年度工作计划，首先需要查阅去年的工作计划及工作总结，以及参考有关先进企业的同类工作计划等，还要研究本部门今年所面临的形势，今年的中心任务上级要求等。

总之，搜集材料及调查研究，是一个酝酿的过程，是为了掌握全面的、大量的素材了解问题的各个方面，然后经过分析思考产生一个认识的飞跃。

三、拟出提纲，安排结构

在搜集材料的基础上，草拟出一个写作提纲。提纲是所要拟写的文件的内容要点，把它的主要框架勾画出来，以便正式动笔之前，对全篇做到通盘安排、胸有成竹，使写作进展顺利，尽量避免半途返工。

提纲的详略，可以根据文件的具体情况和个人的习惯、写作的熟练程度而定。篇幅不长的文件，可以大致安排一下文件的结构，先写什么问题，依次再写什么问题，主要分几层意思等。篇幅较长、比较重要的文件，往往需要拟出比较详细的提纲，包括文件共分几个部分，每一个部分又分作几个问题，各个大小问题的题目和要点及使用什么具体材料说明等。提纲的文字不需要很多，也不需要在文字上推敲。当然，需要集体讨论或送给领导审阅的提纲除外。

拟写提纲是一个很重要的构思过程，文件的基本观点，可以召集相关人员进行集体讨论研究和修改，使提纲日益完善。由两人以上分工合写的文件，更需要共同研究写作提纲，以免发生前后重复、脱节或相互矛盾的现象。

四、落笔起草、拟写正文

结构安排好后，要按照要求所列顺序，开宗明义、紧扣主题、拟写正文。写作中注意图1-4所示的两点。

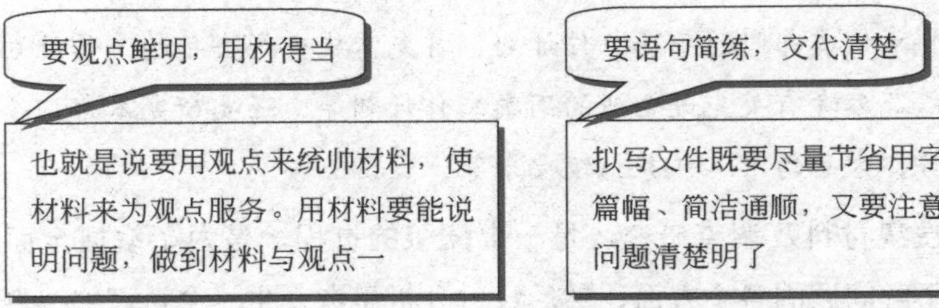

要观点鲜明，用材得当

也就是说要用观点来统帅材料，使材料来为观点服务。用材料要能说明问题，做到材料与观点一

要语句简练，交代清楚

拟写文件既要尽量节省用字、缩短篇幅、简洁通顺，又要注意交代的问题清楚明了

图1-4 文书正文的写作要点

❓ 小提示

在写作当中，要注意明确观点，用语不能含糊不清，模棱两可、词不达意，似是而非。如果观点不明，令人不知所云。有些文件，只讲观点没有实际材料，就会使人感到抽象空洞、缺乏依据，不易信服。而只罗列材料没有鲜明的观点，则会使人弄不清要说明什么问题，不了解发文的意图，特别是情况汇报、工作汇报介绍。

五、反复检查，认真修改

初稿写出后，要认真进行修改。写文章，需要下功夫。自古以来，好文章都要经过反复修改的，写文件也同样，尤其是重要的文件，往往要经过几稿才能通过。

第二章 规范类文书

规范类文书主要包括章程、条例、规定、办法、守则、细则、规则、简章、制度、公约、须知等。在此，简要介绍几种物业管理企业常用的规范类文书。

第一节 章 程

一、章程的概念

章程，是政党、社会团体对本组织的性质、宗旨、任务等内部事务和活动规则或企事业单位对其业务性质、活动制度和行为规范等分别做出明文规定的文种。

二、章程的特点

章程具有表2-1所示的特点。

表2-1 章程的特点

序号	特点	具体说明
1	共识性	章程反映了一个组织全体成员共同的理想、愿望、意志，体现了全体成员的共同利益，必须在全体成员达成共识的基础上才能建立起来。因此，章程的制定和修改必须经过充分的讨论，并且要在代表大会上表决通过。没有达成共识、多数人抱有质疑态度的内容，不能写进章程中去

续表

序号	特点	具体说明
2	稳定性	章程一经规定，就具有长期的稳定性，不能朝令夕改。一个成熟的章程，应该实行数年、十数年、甚至数十年而不过时。当然，随着时代的发展，对章程做一些补充和修改也是必要的，但这些修改必须经充分讨论和表决通过，而且只做局部调整，不做大面积改动
3	准则性	章程具有约束力，是这个组织所有成员的思想准则和行动规范，每个成员都应该遵章办事

三、章程的分类

章程可分为表2-2所示的几类。

表2-2　章程的分类

序号	类型	具体说明
1	组织章程	用于制定团体组织的组织准则和成员行为规范的组织章程最为常见。这类章程具体规定组织的性质、宗旨、任务、组织原则、机构设置、任务职责、成员资格、权利、义务、纪律、经费来源使用等，如《×××协会章程》等
2	规范章程	用于制定某项活动的准则或某些事项的治理依据的规范章程也用得较多。主要用以明确标准做法、具体原则要求，或确定某项活动的宗旨、程序、安排、要求等。如《×××奖学金章程》等
3	企业章程	主要用于规范合资企业的经济活动、管理活动的企业章程，随着中外合资企业、内资联营企业的增多，也逐渐较多地使用。国内独资企业（包括国有、集体和个体），一般不制定这类章程。章程还可用来制定国内企业的工作规程，如《×××公司章程》

四、章程的结构

章程的结构由标题、总则、分则和附则构成，如表2-3所示。

表2-3 章程的组成

序号	组成	具体说明
1	标题	由"组织、活动、事项、单位或团体的全称+文种"构成。有的还在标题下面注明此章程通过的时间和会议名称
2	总则	一般来说，组织章程总则部分要准确、简明、庄重地阐明该组织的名称、性质、宗旨、任务、指导思想和组织本身建设的要求等内容。总则是章程的纲领，对全文起统率作用。 （1）有些党派团体的章程采用"序条式"写法，将总则部分作为总纲，不分章条而独立于分则各章之前 （2）企业章程兼有组织章程与业务章程的性质，所以，总则部分一般要写明企业名称、宗旨、经济性质、隶属关系、业务范围等 （3）业务章程总则部分一般要写明业务内容、范围、服务对象、办理机构等
3	分则	（1）组织章程分则部分一般需写明以下内容： 组织人员：参加条件，参加手续和程序，承担义务和享受的权利，对成员的纪律规定等 组织机构：领导机构、常务机构和办事机构的设置、规模、产生方式和程序、任期、职责、相互关系等 组织经费：来源和管理方式 组织活动：内容和方式 其他事宜：视不同组织、团体的需要而确定 （2）企业章程分则部分主要需写明资本、组织、人事管理、资产管理、利润分配等内容 （3）业务章程分则部分需逐条写明该项业务的办理及运作程序的规定等
4	附则	附则是主体部分的补充，主要说明解释权、修订权、实施要求、生效日期，本章程与其他法规、规章的关系及其他未尽事项等。对于组织章程还需说明办事机构地址或对下属组织的要求等内容。而企业、业务章程则一般写公布施行与修改补充等问题。也有的章程不写附则内容

五、章程的写作要求

章程的写作要求如表2-4所示。

表2-4　章程的写作要求

序号	写作要求	具体说明
1	使用要规范	章程使用较为广泛，但具体使用必须规范。一般说来，章程主要用于制定组织准则。用来制定单位某方面的规范时，如果其内容比较单一，而时效又比较短，则应该用其他规范性文件行文。即使是用来制定组织规程，也要履行规范的程序，必须先以草案形式发到会员手中征求意见，在此基础上再经本组织最高级会议（如会员大会、会员代表大会）审议通过。在使用过程中，不能只由少数人草拟，匆匆公布施行。如果是合资企业的章程，则必须在充分协商，条款内容经过反复讨论，成熟后才使用；一般先由合资各方以签署"意向书""会谈纪要"的形式发布，再经各方深入细致的磋商，取得共识，且经有关部门审核后，才在"意向书"或"协议书"的基础上以章程的形式成文。因为章程是合资企业的最高行为准则，未经充分协商或条件不成熟的，都不宜成文
2	结构要严谨	章程结构要合乎规范写法。格式规范、结构严谨的章程有助于维护其严肃性
3	条款要简短单一	章程，除一些大型团体组织规程内容比较丰富，条款可以相对长些外，一般条款要写得简短些。最常见的毛病是在写作组织宗旨、任务时，一般性的内容多大段列入，显得文字烦冗。若一般性原则写得过多，指导性、操作性又较差，更不便于记忆。只有每条内容表述一个完整独立的意思，才便于执行。此外，还要注意对团体组织及其成员意愿的准确把握
4	要注意章程与简章的区别	简章，通常是对某项工作、某一事项的办理原则、要求、方式、方法做出规定的文书，内容只是有针对性地说明某一工作或事项的办事程序，在性质上更接近于"规定"和"办法"，如《××市市级机关招收公务人员简章》《××大学招生简章》等，而章程在适用范围上和写法上均不同

范本

××物业公司章程

第一章　总　则

第一条　依据《中华人民共和国公司法》和国家有关法律、行政法规及_____人民政府有关政策制定本章程。

第二条　本公司在_____工商行政管理局登记注册，注册登记名称为：_____物业管理有限公司（以下简称"公司"）；

公司法定代表人：_____；

公司住所：_____。

第三条　公司宗旨是：依法管理，业主至上，服务第一。

第四条　公司依法登记注册，具有企业法人资格。公司股东以其出资额为限对公司承担责任，公司以其全部资产对公司的债务承担责任。公司以其全部法人财产，依法自主经营，自负盈亏。

公司一切活动遵守国家法律法规规定。公司应当在登记的经营范围内从事活动。公司的合法权益受法律保护，不受侵犯。

第二章　公司的注册资本和经营范围

第五条　公司的注册资本为人民币____万元。

第六条　公司经营范围是：主营房地产物业管理、维修、养护，楼宇机电配套设备管理维修，清洁卫生，庭园绿化及辖区内车辆停放管理。兼营与住宅（含大厦）相配套的商业、饮食业、便民服务业。

第三章　股东姓名（或名称）和住所

第七条　公司股东共____个，分别如下所示。

姓名	住所	出资额
×××	××省××市××区××街道××路×号	××元人民币
×××	××省××市××区××街道××路×号	××元人民币

第四章 股东的出资额和出资方式

第八条 公司的注册资本全部由股东自愿出资入股。

第九条 股东的出资方式和出资额（略）。

第五章 股东的权利和义务

第十条 股东享有下列权利。

（一）享有选举和被选举权。

（二）按出资比例领取红利。公司新增资本时，原股东可以优先认缴出资。

（三）按规定转让和抵押所持有的股份。

（四）对公司的业务、经营和财务管理工作进行监督，提出建议或质询。有权查阅股东会议记录和公司财务会计报告。

（五）在公司办理清算完毕后，按出资比例分享剩余资产。

第十一条 股东应履行下列义务。

（一）足额缴纳公司章程规定的各自认缴部分的出资额。

（二）在公司办理清算时，以认缴部分的出资额对公司承担债务。

（三）公司一经工商登记注册，不得抽回出资。

（四）遵守公司章程，保守公司秘密。

（五）支持公司的经营管理，提出合理化建议，促进公司业务发展。

（六）不按认缴期限出资或者不按规定出资额认缴的，应承担违约责任。

第六章 股东转让出资和条件

第十二条 股东之间可以相互转让其全部出资或部分出资。股东向股东以外的人转让其出资时，必须经全体股东过半数同意（公司只有两名股东的，必须经全体股东同意）；不同意转让的股东应当购买该转让的出资，如果不购买该转让的出资，视为同意转让。在同等条件下，对于经股东同意转让的出资，其他股东拥有优先购买权。股东转让出资后的公司股东人数必须符合法律规定。

第十三条　受让人必须遵守公司章程和有关规定。

第七章　公司的机构及其产生办法、职权、议事规则

（略。）

第八章　公司财务会计

（略。）

第九章　公司的合并、分立

（略。）

第十章　公司解散与清算

（略。）

附　则

一、本章程于____年____月____日订立。自_____工商行政管理局登记注册之日起生效。

二、由全体股东签名、盖章确认。

全体股东签名：

____年____月____日

第二节　守　则

一、守则的概念

守则是国家机关、人民团体、企事业单位为了维护公共利益，向所属成员发布的一种要求自觉遵守的约束性公文。

二、守则的特点

守则是根据党和国家的各项方针政策、法律、法规的精神，结合本单位、本部门、本系统的实际情况而制定的用以规范、约束人们的道德行为的条文，因此具有约束性和规范性的特点，但不具备直接的法律制约作用。

三、守则的结构

条例一般由标题和正文两部分组成，如表2-5所示。

表2-5 守则的组成

序号	组成	具体说明
1	标题	一般由"适用对象＋文种"构成，如《员工守则》
2	正文	由总则、分则、附则组成： （1）总则是关于制定守则的指导思想、目的、意义等项内容 （2）分则是规范项目，要求条目清晰，逻辑严密，表述准确、精练 （3）附则是关于执行要求的说明 有的守则内容比较单一，全文由分则内容组成，没有总则和附则部分

四、条例的写作要求

写守则，既要符合国家的法律、政策，又要结合本地区、本单位、本系统的工作实际，有针对性地拟定具体条文。守则的语言要流畅、易懂，条款应明确、具体、扼要，篇幅要短小。如果所写守则是初稿，一般应在标题上加（试行）、（草案）等字样，以便在试行的过程中不断修改完善。

■ 范本

××物业公司员工守则

1.物业部员工须保持制服整洁、仪容洁净及精神饱满，佩戴上岗证。

2.无论对待住户、同事及各阶层人士，均应以礼相待，耐心解释，及时为客户解决实际困难，保持彼此之间的良好关系。

3.每位员工必须遵守"依法管理，热情服务，廉洁奉公，业主至上"的宗旨。

4.必须严格遵守轮值班制度，不得无故迟到、早退、遇有特殊情况需请假时，应事先取得管理部负责人同意，而物业部负责人请假则需获得公司领导的同意。

5.员工不得在当班时间内为个别客户做职责范围以外的私人服务的工作。

6.员工不得私自参与住户楼宇的买卖及租赁等事务，住户委托租赁由物业部服务中心负责。

7.物业部负责人必须执行公司之各项指示，并定期召开员工工作会议，向公司做定期汇报，员工应服从负责人的工作调配及岗位编排。

8.不准挪用公司财物或对公司有欺诈及不诚实行为。

9.不得假借公司名义或利用职权做有损公司声誉或利益的行为。

10.不得向住户或与公司业务有关的任何人收受或索取任何形式的礼物、钱财或利益。

11.所有公物不得挪用于私人，不得故意损坏公司财物，损坏公物须负责赔偿。

12.台风暴雨期间，各员工必须依时当班，坚守岗位，按照公司所颁布的指示进行防风、防洪工作。

13.必须遵守公司所发出的一切通告规定和规章制度。

14.每个员工都是义务消防员，无论在什么时刻，什么场合，听到传唤后，不得有任何理由无故不回，应有"招之即来，来之能战"的职业素质。

第三节　办　法

一、办法的概念

办法是国家机关、社会团体、企事业单位用于对某项工作或活动的进行做出具体规定的文件。其目的明确，要求具体，具有较强的行政约束力。

二、办法的特点

办法具有表2-6所示的特点。

表2-6　办法的特点

序号	特点	具体说明
1	约束性	办法中要写明对某些事情的处理意见，作为人们行动的规范
2	具体性	办法中包括对执行某一事项或活动的要求，其条款应更具体，不得笼统

三、办法的分类

办法按其内容的不同，可分为表2-7所示的两类。

表2-7 办法的分类

序号	类型	具体说明
1	实施办法	实施办法以实施对象为成文主要依据，具有附属性，是对原件的一种具体化，或对原件整体上的实施提出措施办法，或对某些条文提出施行意见，或根据法规精神再结合本单位实际提出实施措施
2	管理办法	管理办法是各类机关单位在各自的管理权限范围内，在实际管理工作尚无条文可依的情况下制定的。这类办法没有附属性

四、办法的结构

办法一般由标题、发文单位、成文日期、正文和印发传达范围等五部分组成，如表2-8所示。

表2-8 办法的组成

序号	组成	具体说明
1	标题	标题一般有以下两种形式： （1）由"发文机关+主题+文种"组成 （2）由"主题+文种"组成 　　如果所制定的办法是临时性的，或不太成熟，在执行一段时间后再做修改，有的还要随着事物的发展和情况的变化再修订，均应在"办法"之前加"临时""暂行""试行"等词。如果法律法规或上级机关有明确的规定，要求结合实际制定具体措施和办法的，应在"办法"前加"实施"二字。其中，全国人大及其常委会制定的法律法规授权制定具体措施和办法的，才能结合本地实际制定"实施办法"，法律未授权的，不能制定实施办法
2	发文单位	发文单位，有的是发布单位，有三种情况： （1）标题之中有发文单位名称的，标题之下不再标注发文单位 （2）标题只有公文主题和"办法"的，则应在标题之下居中加圆括号标注发文单位，既可与成文时间标注在同一行，也可在标题之下成文时间之上独立成行 （3）应当加盖公章的公文，署名应在正文之后

序号	组成	具体说明
3	成文日期	成文日期应写明年、月、日，用全称。其标注方式也有三种情况： （1）标题有三个组成部分的，成文日期加圆括号居中标注在标题之下 （2）标题只有两个组成部分的，成文日期加圆括号居中标注在发文单位名称之下或标注在发文单位名称之右，与发文单位标注在同一行的应一起括起来 （3）是应当加盖印章的公文，县级以下及基层党的机关制定的办法的成文日期，标注在正文之后的发文机关名称之下，行政机关发布的办法的成文日期直接标注在正文之后 随命令和通知发布的办法，自身不显示制发时间和依据，但以后单独使用时，应将原命令和通知的发布时间标注于标题之下
4	正文	正文主要有三种结构形式。 （1）序言（前言）、分项（条）式。序言在第一条之前，说明制定办法的主题及目的、依据、意义和作用等。序言之后，是全文的主体部分，其有两种结构形式：一是条连式，即从第一条开始，直至把内容写完；二是分项式，即分几个部分或项目，部分或项目之下分条、款，全文既可统一编写条的序数，也可分开在部分或项目之内分条。有的在最后还有专门的结尾。办法的内容撰写顺序是先主后次；先直接方面，后间接方面。 （2）章断条连式。全文由总则、分则、附则三个部分组成，章下分条，条下分款。其写作方法与其他章断条连式的法规性公文的写作方法相同。 （3）条连到底式（又叫条目式）。这种结构的"办法"的写作方法，与其他同类结构形式的公文的写作方法相同。第一条写公文的主题及行文的目的、依据、意义和作用等，从第二条起依次撰写"办法"的具体内容；先主后次，先从正面提出解决问题的办法，做出规定，后从反面提出解决问题的办法，做出规定，最后撰写附则的内容。
5	印发传达范围	办法或实施办法不标注主送机关，只标注印发传达范围，一般标注在正文之后。在正文之后要署名或加盖印章的，印发传达范围标注成文日期的下一行

五、办法的写作要求

办法的写作要求如表2-9所示。

表2-9 办法的写作要求

序号	写作要求	具体说明
1	条款具体、明确	办法是针对某一方面的工作、活动而制定的具体处理方法，不管是管理办法还是实施办法，都要写得具体明确，不能含糊笼统。特别是规范项目，应对概念、范围、原则、规范、责任和施行要求做出规定，以便于操作
2	结构严谨、清晰	办法的写作，因篇幅长短、内容多少而确定结构方式。如果内容不多，则可以用分条结构。按照先叙因由，后列规范，再说明有关情况的顺序，依次编条排列。如果内容比较丰富，则将规范内容适当分章，每章再冠以章目。不论采用哪种方式，都要能较好地反映内容之间的联系，方便阅读和引用

▌ 范本

××物业公司工资管理办法

一、总则

1. 为充分调动员工的工作积极性和创造力，切实保障公司和员工的长远利益，以个人利益服从集体利益、集体利益保障个人利益为宗旨，以按劳分酬为原则，为使公司全体从业人员之工资核发有所依据，制定本办法。

2. 本公司的基本工资、职务（岗位）工资、补贴、加班费等薪酬的计算与发放依照本办法办理。

3. 工资是公司对员工圆满完成其所在岗位的工作而支付的报酬。从业人员的工资按照学识、经验、技能、潜力发展及担任工作的难易程度、责任的轻重等综合因素衡量核发，工资标准将随着公司的发展和公司经济效益等因素的变化而调整。

4.职务（岗位）工资的核定标准直接与公司的经营状况挂钩，原则上每年根据公司经营状况的好坏对职务（岗位）工资的标准进行上浮或下调，职务（岗位）工资视本人工作表现及企业效益情况酌情发放。

二、工资构成

1.本公司从业人员（指本公司的所有人员）工资待遇总额的构成如下。

基本工资、职务（岗位）工资、各种补贴（夜班补贴、社会保险补贴、误餐补贴、通信补贴、加班费等）。

2.加班费。

公司所有管理人员原则上实行五天半工作制，但根据公司实际工作需要及岗位特点，须加班的，事先报总经理审批同意。加班后，由所在部门报行政人事部出具《补休单》补休。在节假日上班的，公司发给加班费，延长工作时间的加班费以小时计算，每小时加班费按日加班工资标准折合计发。

3.夜班补贴。

管理人员、工程维修人员每个夜班补贴标准为××元，倒班制工作的人员原则上不发放夜班补贴。

三、社会保险

公司按照国家规定为符合条件的员工办理相关的社会保险（养老保险、失业保险、医疗保险、工伤保险等）。

四、通信补贴

公司部门经理级员工均享受通信补贴（本人配备通信工具才可享受，没配备不享受）××元/月。

五、考核评分办法

1.管理处员工日常评分考核采取100分制，按各岗位考核评分标准执行。员工考核后，应将其考核分加到其当月考核评分中，凡考核得100分者为合格；凡得分超过100分者，每增加一分奖励10元；凡得分少于100分者，每少1分，扣款10元。对一年内三个月考核得分在80分以下者，公司将予以辞退。

2.公司行政人事部、企划经营部、财务部、总工办、质管办等部门均根据本部门任务完成情况和个人工作日志进行日常评分考核。

3.管理处各部门/班组以劳动纪律、安全生产、文明服务、完成任务情况等综合因素进行日常评分考核。

六、晋升与降级

1.本公司从业人员之晋升依照下列规定办理。

（1）绩效晋升。

对公司的发展及经营做出突出贡献者，公司给予绩效晋升。例如，为公司承接物业顾问管理业务的、一次性降低经营成本或节省开支2万元以上的、为公司企业形象增辉添彩成绩突出的，由部门主任（经理）提出晋升申请，经公司批准后晋升。绩效晋升即绩效工资晋升，其晋升幅度不超过工资总额的10%。

（2）各部门人员之职务晋升最高不得超过部门主任（经理）职级。

2.本公司从业人员之降级依照下列规定办理。

（1）职务变动。

因公司实际工作需要，公司员工职务变动（即在职不在岗），考虑到实际工作量的减少，采取降低职务（岗位）工资标准的措施办理：部门主任级员工在职不在岗，享受相当于主管级工资标准待遇；主管级人员在职不在岗，享受相当于普通管理人员级工资标准待遇；班长在职不在岗，享受相当于普通员工待遇。

（2）职务变动（违规降级）。

因工作造成重大失误，尚未对公司声誉和公司利益造成重大损失的（尚未达到辞退条件的）、自身不能胜任本职工作的、违反公司《人事管理制度》的，经公司办公会研究决定，根据实际情况降低相关人员工资和职务，依照现行职务领取相应薪酬。

七、工资计发

1.聘用人员试用期为一至三个月，从应聘后正式上班的第一天起计发工资，试用期3天内（含3天）本人提出辞职或公司予以辞退的不予计发工资。

2.试用期满，由本人提出书面转正申请，所在部门、行政人事部、总经理签署同意转正意见后予以转正，转正后工资按本《办法》第二节第四条的相关规定执行。

3.辞职或辞退人员的工资按照实际工作时间（天）计发。

4.公司员工迟到或早退在5分钟内（含5分钟），每迟到、早退一次扣5元；迟到或早退超过5分钟在30分钟内（含30分钟），每迟到、早退一次扣50%日薪；迟到或早退在30分钟以上，每迟到、早退一次记旷工一次；若一月内两次迟到、早退在30分钟以上记警告一次同时降低一个级次工资标准。

5.公司定于每月25日前发放前一个月工资，考勤汇总于每月21日进行，工作时间计算截止于每月20日，工资总额达到或超过个人所得税的，其应缴纳税额在工资内扣除。

6.辞职或辞退人员的工资在办妥离职手续后，于离职当日起办理。

7.公司人员工资的发放采取银行卡发放制度。个人工资属公司保密范畴，员工之间不得以任何方式讨论和散播工资相关事宜。

8.公司采用绩效挂钩的原则发放工资。职务（岗位）工资按考核结果计发，考核方式采用平时评分考核和月底参照部门、管理处收费率双重考核的办法进行。进入正常期的管理处职务（岗位）工资发放率以前一个月管理处的收费率为计算标准，介入前期物业管理的管理处（即未产生物管费、水费、电费、气费收费的管理处）人员、公司机关人员按照各管理处平均收费率参照发放职务（岗位）工资。（平时评分考核标准见具体岗位考核评分标准；收费率考核评分标准具体见收费率考核评分标准）

八、附则

1.本办法自颁布之日起执行。

2.本办法之前制定的有关规定和办法于本办法执行之日起废止。

3.本办法之解释权归××物业管理有限公司行政人事部所有。

第四节　制　度

一、制度的概念

制度是党政机关、人民团体、企事业单位为加强对部门工作的管理和严格组织纪律而制定的要求有关人员共同恪守的规范性公文。

二、制度的特点

制度具有表2-10所示的特点。

表2-10　制度的特点

序号	特点	具体说明
1	指导性和约束性	制度对相关人员做些什么工作、如何开展工作都具有一定的提示和指导作用，同时也明确相关人员不得做些什么，以及违背了规定会受到什么样的惩罚
2	鞭策性和激励性	制度有时就张贴或悬挂在工作现场，随时鞭策和激励着人员遵守纪律、努力学习、勤奋工作
3	规范性和程序性	制度对实现工作程序的规范化，岗位责任的法规化，管理方法的科学化起着重大作用。制度的制定必须以有关政策、法律、法令为依据。制度本身要有程序性，为人们的工作和活动提供可遵循的规范

三、制度的结构

制度一般由标题、正文、发文单位和日期等三部分组成。如表2-11所示。

表2-11　制度的组成

序号	组成	具体说明
1	标题	标题一般有以下两种形式： （1）由"发文机关+主题+文种"组成 （2）由"主题+文种"组成
2	正文	制度的正文有多种写法，主要可以概括为以下三种形式： （1）引言+条文+结语式：先写一段引言，主要用来阐述制定制度的根据、目的、意义、适用范围等，然后将有关规定一一分条列出，最后再写一段结语，强调执行中的注意事项 （2）通篇条文式：将全部内容都列入条文，包括开头部分的根据、目的、意义，主体部分的种种规定，结尾部分的执行要求等，逐条表达，形式整齐 （3）多层条文式：这种写法适用于内容复杂、篇幅较长的制度，特点是将全文分为多层序码，篇下分项、项下分条、条下分款
3	制发单位和日期	如有必要，可在标题下方正中加括号注明制发单位名称和日期，其位置也可以在正文之下，标注于公文落款处

四、制度的写作要求

制度的写作要求如下：

（1）符合国家法律、法规，符合党和政府的方针、政策以及上级机关的有关规定。

（2）要有针对性，即以事实为根据，分析问题，做到有的放矢。

（3）一般应一文一事，事由要集中、明确、重点突出。

（4）行文逻辑缜密，层次清晰，条理清楚。

（5）具体措施或意见要符合实际，明确具体，可操作性强。

（6）语言要准确、简洁、规范。

■ 范本

××物业公司财务制度

为了加强××物业科技服务有限公司的财务管理和财务监督，规范公司的财务行为，维护投资者和债权人的合法权益，根据有关法律法规，结合本公司实际情况，特制定本制度。

第一章　提成财务规定

第一条　采用按销售额发放提成奖金的考核方式：以合同签订为准，隔月结算，即本月结算上个月的提成奖金。

第二条　具体提成比例：

合伙人实际销售额（万元）	提成比例
销售额≤300	2%
300＜销售额≤800	3%
销售额＞800	4%

第三条　提成奖金计算办法：

$$提成奖金＝实际销售额 \times 提成比例$$
$$实际销售额＝合同销售额－税费－客情费$$

第四条　提成的发生会额外产生税金，提取时扣减相关人员额外产生的相关税金。

第五条　提成的税金需要扣除13%的增值税金额。

第二章　招待费财务规定

第六条　公司自20××年1月1日起，销售商品所负担的招待费冲减销售人员的销售收入，且扣除招待费后成单金额必须高于公司底价。招待费发生前需总监审批。

第七条　招待费扣除时间为发生招待费的当月。

第三章　客情费（礼品）

第八条　客情费发生前需要总监审批，所发生的客情费冲减销售人员的销售收入，冲减销售人员的销售收入且扣除招待费后成单金额必须高于公司底价。

第九条　客情费需要提供真实有效的发票。

第四章　发票管理流程

第十条　当月发票申请截止到25号（含25号），25号后申请的发票下月开票，当天开票申请截止到下午3点，3点后的发票申请第二天开票，原则上当天开票当天寄出。

（一）发票申请中开票信息需填全，根据税务局要求，增值税发票要有单位名称、税号、地址联系电话、开户行及行号，上诉信息缺一不可。

（二）新客户第一次开具增值税专用发票需提供一般纳税人证明。

（三）发票类型：增值税普通发票、增值税专用发票，增值税普通发票为电子发票，增值税专用发票为纸质发票。

第五章　应收账款

第十一条　应严格按照规定时间催回应收账款，避免出现坏账、死账。

逾期应收账款的认定：非服务验收问题，客户应收账款自签订合同付款日起超过30天未回款。

第十二条　90天逾期的应收账款，销售顾问下达《逾期应收跟踪调查表》及《对账函》，并对业务员做如下处理：

《跟踪调查表》开工资前返回总部，无返回，当月工资暂发。

如单笔金额大或笔数多总计金额大的逾期款，工资或奖金无法承担，总监说明情况并担保。

第十三条　180天逾期的应收账款，在催缴无果的情况下，需采用法律形式催缴。

第十四条　逾期率超标（限制出库、开发票）

（一）销售人员或某一客户，逾期率大于20%，将被限制提供服务、开发票，直到回款率达标为止。

（二）关于死账的认定：

1.客户经手人离职并无人承接或对方企业倒闭；

2.无销售合同、客户收货签单等回款依据；

3.商业客户应收账款超过6个月未回款，工业客户超过12个月未回款。满足以上任意一条认定为死账。

（三）如出现问题，除当事人外，一并追究直属经理连带责任。

1.出现逾期应收账款，按以下标准处罚：

逾期应收账款责任人，逾期首月按应收账款3‰的比例从其工资中扣除，次月逐级按1‰递增，上限1%。

逾期应收账款责任人直属上级经理，逾期首月按应收账款0.5‰的比例从其工资中扣除，次月逐级按0.5‰递增，上限1%。

2.如出现死账，应查明原因，属于业务员责任的，按以下标准，从工资或奖金中扣除死账责任人，按应收账款50%承担，责任人直属上级经理承担20%，总监承担10%，公司承担20%。

如人员离职无任何交接，产生的不可收付款项，直属上级承担40%、总监30%，公司承担30%。

3.离职人员应收账款：

离职人员应收账款由直属部门负责人分配给接交人。

第三章　报请类文书

报请类文书主要包括报告、请示、简报、议案、调查报告、提案、建议等。在此，简要介绍几种物业管理企业常用的报请类文书。

第一节　报　告

一、报告的概念

报告是下级机关主动或应上级要求，向上级机关汇报工作，反映情况，提出建议，答复上级机关询问，报送文件等的报请性公文。

报告适用于向上级机关汇报工作、反映情况，回复上级机关的询问。

二、报告的特点

报告具有表3-1所示的特点。

表3-1　报告的特点

序号	特点	具体说明
1	语言的陈述性	因为报告具有汇报性，即向上级讲述做了什么工作，或工作是怎样做的，有什么经验、体会，存在什么问题，今后有什么打算，对领导有什么意见、建议，所以行文上一般都使用叙述方法，即陈述其事，而不是像请示那样采用祈使、请求等方法
2	行文的单向性	报告是下级机关向上级机关行文，是为上级机关进行宏观领导提供依据，一般不需要受文机关的批复，属于单向行文

续表

序号	特点	具体说明
3	成文的事后性	多数报告都是在事情做完或发生后，向上级机关做出汇报，是事后或事中行文
4	双向的沟通性	报告虽不需批复，但却是下级机关以此取得上级机关支持和指导的桥梁；同时报告也是上级机关进行决策指导和协调工作的依据
5	内容的汇报性	一切报告都是下级向上级机关或业务主管部门汇报工作，让上级机关掌握基本情况并及时对自己的工作进行指导，所以汇报性是"报告"的一大特点

三、报告的分类

报告按其内容，可以分为表3-2所示的几种类型。

表3-2　报告的分类

序号	类型	具体说明
1	汇报性报告	汇报性报告是指下级单位向上级单位，或者执行单位向权力单位汇报工作、反映情况的报告。这种报告一般可分为两种类型。 （1）综合报告。是指本单位、本部门或本地区、本系统工作到一定阶段，向上级写的关于工作全面情况的报告。其内容大体包括工作的进展情况、成绩、问题、经验、教训，以及对今后工作的设想 （2）专题报告。是指本单位、本部门或本地区、本系统就某项工作或某个问题向上级领导部门撰写的报告
2	呈报性报告	是用于下级向上级报送文件、物件时随文呈报的一种报告。一般用一两句话说明报送文件或物件的根据或目的，以及与文件、物件有关的事宜
3	答复性报告	适用于答复上级查询事项，这种报告内容较为单一，针对性很强。即上级问什么答复什么，不答非所问，不节外生枝
4	例行工作报告	是指下级单位因工作需要定期向上级领导单位或业务主管部门撰写的报告。如财务部门定期向业务主管部门和财政、税收、银行等业务指导单位所呈送的财务报表，包括日报、周报、旬报、月报、季报等

相关链接

工作报告与情况报告的区别

区别	文种	
	工作报告	情况报告
反映的工作不同	经常性的、常规性的工作	偶发性的特殊情况
内容不同	内容相对稳定	内容多不确定
写法不同	写法相对稳定	写法灵活多样
表达方式不同	有不同程度的说理，事与理结合	重在叙述、说明情况
写作时间不同	汇报时间固定或不固定	无固定汇报时间

四、报告的结构

报告由标题、主送机关、正文、署名、成文日期几部分组成，如表3-3所示。

表3-3　报告的组成

序号	组成	具体说明
1	标题	报告的标题一般用三要素标题，由"发文机关+事由+文种"组成
2	主送机关	报告的主送机关是直接的上级机关，原则上主送一个上级机关，根据需要同时抄送相关上级机关和同级机关，一般也不向上级机关负责人送报告
3	正文	报告正文一般由报告缘由、报告事项和结语三部分组成。 （1）报告缘由：以概括性语言简要说明报告的背景、主要内容、结论，或者说明写作报告的目的和依据。段末常用"现将有关情况报告如下："导入下文

续表

序号	组成	具体说明
3	正文	（2）报告事项：此部分是正文的核心，是报告的重点部分，不同报告的写法有所不同 ① 工作报告的内容包括这几个方面：一是基本情况与成绩，陈述工作概况和基本做法，并在此基础上总结成绩和经验；二是存在的问题与不足，分析工作失误的原因，以及应当吸取的教训；三是今后工作的打算和拟采取的整改措施 ② 情况报告重在反映重要的、特殊的、突发的新情况。以陈述情况为主，应写明时间、地点、原因、经过、结果、已采取的措施或建议等 ③ 答复报告针对性强，一般问什么就答什么。不能漫无边际地写一些与上级机关询问无关的事项，针对所提问题答复意见或处理结果，既周全又不节外生枝，有问必答，答其所问，表述明确具体，用语准确，不含糊其词，不模棱两可 （3）结语：报告的结语比较简单，通常以"特此报告""特此报告，请审阅"等惯用语，也可以报告事项完即止，不写结束语
4	署名	在正文后右下方标注发文机关
5	成文日期	用阿拉伯数字写全年、月、日

五、报告的写作要求

报告的写作要求如表3-4所示。

表3-4　报告的写作要求

序号	写作要求	具体说明
1	情况真实	一切上报的信息必须真实可靠，力求准确反映事物的本来面目，全面反映情况。报告不实将导致上级决策失误，影响大局。汇报成绩时不能虚报夸大，反映问题不能文过饰非。必须以客观事实为依据，情况要真实

续表

序号	写作要求	具体说明
2	确有必要	是否要向上级报告，一个很重要的标准就是提供的信息是否真正扣紧当前的中心工作，是否对上级决策有帮助。每天搜集到的大量信息并不是全部有价值，特别是一些原始、初级信息，要有一个筛选、加工处理过程。这就需要选取角度、深入挖掘，选抓那些能够指导全局工作、具有较强影响力的信息，通过"去粗取精、去伪存真、由表及里、由此及彼"的加工处理，形成对全局工作具有普遍指导意义的情况汇报，才能进入领导决策的过程
3	点面结合、突出重点	报告的写作不能烦琐罗列具体事例，也不能只做全面情况的概述。必须突出重点、有主有次、详略得当地安排材料，并加以精当的论析，以适当的议论点明主题，使报告既有深度又有广度。需要补充的是，报告中不能夹带请示事项

范本

××物业公司工作报告

尊敬的××业户：

吉祥灯笼亮又明，喜庆鞭炮响不停；喜气盈门万事顺，幸福生活享不尽！××物业全体员工恭祝广大业户在新的一年里：虎年走红运，心想事成事事顺！在这个辞旧迎新，阖家欢乐的月份里，××员工坚守在自己的工作岗位上，日日夜夜守护您和家人的平安，时时刻刻接待您的来访，分分秒秒倾听您的诉求。

在您的支持与配合下××物业2月份完成的各项工作如下：

一、客户服务

1.本月接待业户报修1364次，接待业户来电、来访2135次；

2.办理业户物品搬出放行35次，为业户开具《有线电视开通证明》

42份；办理装修申报手续31户，验收手续203户；

　　3.安装三期西天然气报警器；

　　4.客服部加大园区巡查工作，发出《内部联络单》23张共56项问题均已处理；

　　5.为业户宣传"赠送服务券"活动；

　　6.社区文化活动：

2月15日是今年的元宵节，为了弘扬中华民族的传统文化，增进业户与物业的感情，××物业各部门加班加点策划准备，特地于这一天在小区4号楼广场组织了"××物业第二届元宵节猜灯谜"活动。

活动现场气氛活跃，热闹非凡，大家三个人一堆，五个人一组，猜的不亦乐乎，而猜到谜底的业户，则喜滋滋排队领取我们提前准备好的小礼品。

二、综合事务

1.月报月计划上报工作；

2.跟进所有报批流转的呈阅件及合同；

3.悬挂标识；

4.春节对坚守岗位的员工进行节日慰问；

5.第一季度品质督导工作。

三、秩序维护

1.认真落实部门体系文件的培训工作，加强现场巡视、监督；

2.春节期间的安全保卫工作；

3.三、四期车库悬挂车牌；

4.一季度消防单点测试。

四、工程维修

1.全月提供日常报修处理2087项；

2.三期、四期遗留问题消项跟进；

3.装修检查；

4.更换公区照明系统；

5.供暖系统维修检查。

（1）下雪期间客服部组织人员进行除雪工作；

（2）清理各期单元门；

（3）春节期间对园区、绿化内的炮皮进行清理。

五、突发事件

本月无。

六、内部管理

1.组织员工进行内部培训，提高员工对企业文化的认识；

2.梳理20××年3月份到期的劳动合同，并完成续签工作；

3.20××年岗位任务书及岗位说明书的签订工作；

4.中控员西装的统计采买；

七、下月主要工作计划

（一）工程维修

1.日常报修处理；

2.三期、四期遗留问题消项工作；

3.装修检查工作；

4.小区水戏喷泉清理、启用工作；

5.小区设施设备维护保养工作；

6.小区二次供水水箱清洗、消毒工作。

（二）秩序维护

1.提升保安服务品质，认真落实部门体系文件的培训工作，加强现场巡视、监督；

2.停车场车辆信息实时更新，严格管理；

3.项目灭火器年检。

（三）综合事务

1.按照3月工作、培训计划完成各项工作；

2.完成项目品质督导工作。

（四）保洁服务

1.清扫三期西车库，清运车库内的建筑垃圾；

2.冲洗生活垃圾台和园区垃圾桶；

3.对园区公共区域进行消杀。

（五）客户服务

1.继续跟进其他前期遗留及赔偿问题；

2.跟进并联系厂家处理前期预约报修工作；

3.组织社区文化"三八节送祝福"活动一次；

4.组织小区一、二、三、四期入住业主沟通会；

5.整理地下车位明细，接收车库授权工作。

第二节 请 示

一、请示的概念

请示是下级机关向上级机关请求对某项工作、问题做出指示，对某项政策界限给予明确，对某事予以审核批准时使用的一种请求性公文。

请示适用于向上级机关请求指示、批准。

二、请示的特点

请示具有表3-5所示的特点。

表3-5 请示的特点

序号	特点	具体说明
1	报请性	当下级机关遇到需要办理却又无权办理、无力办理或不知如何办理，需要得到上级的指示、批准后方可付诸实践的问题时，就需要用请示行文。一般遇到以下情况需要向上级机关请示： （1）对上级机关的法规、政策和其他文件等有不理解之处，或认为它们不适应本单位情况需要变通处理时，需要请上级机关予以解释、指示或认可 （2）请求批准人员编制、机构设置、干部任免、经费预算以及重要人员或事故的处理 （3）请求审批或批转本单位制定的重要文件 （4）请求解决本单位无法解决的困难和问题 （5）根据规定必须履行审批手续的事项
2	超前性	请示是在工作中遇到实际困难或问题，使工作难以继续开展下去的情况下使用的，该项工作下一步怎样开展必须得到上级机关的指示或批准，因此，请示必须事前行文。对于请示事项"先斩后奏"是不允许的
3	说明性	绝大部分公文都是略写缘由详写事项的，而请示恰恰相反，能不能得到上级机关的批准，上级机关怎样回复，主要取决于请示的理由是否充分，有关事项是否交代得清除、明白，因此，请示往往是详写缘由略写事项，因为请示的事项往往比较单纯，一两句话就能交代明白
4	单一性	请示的行文规则要求请示内容单一，不能将两件或两件以上互不相干的事情放在一份请示当中，这就使请示"单一性"特征十分明显
5	期复性	上级机关的回复是下级机关继续开展某项工作的前提条件，因此，作为请示主体的下级机关急切渴望得到上级机关的回复。上级机关也应该体谅下级，尽可能在规定的时间内给下级机关回复，以免贻误工作

三、请示的分类

请示按其内容的不同，可分为表3-6所示的几类。

表3-6　请示的分类

序号	类型	具体说明
1	请示批准类	一般针对有充分理由，希望上级机关批准的事项。如机构设置、领导班子调整、人员编制、财务预算、重要事件的批准或重要人物的处理等。这类请示一定要把理由讲充分
2	请求指示类	这类请示主要针对工作中遇到无章可寻的问题，或对有关政策把握不准等问题，需要上级机关给予明确的指示。这类请示自己应该先拿出意见，供上级领导参考
3	请求批转类	一般是职能部门就与自己业务范围有关的全局性工作，提出意见或建议，请求上级同意，并批转各有关部门执行

四、请示的结构

请示由标题、主送机关、正文、署名、成文日期几部分组成，如表3-7所示。

表3-7　请示的组成

序号	组成	具体说明
1	标题	请示的标题一般有两种构成形式： （1）由"发文机关+事由+文种"构成 （2）由"事由+文种"构成
2	主送机关	请示的主送机关是指负责受理和答复该文件的机关。每件请示只能写一个主送机关，不能多头请示
3	正文	正文一般由开头、主体和结语三部分内容组成 （1）开头：主要交代请示的缘由。它是请示事项能否成立的前提条件，也是上级机关批复的根据。将原因讲得客观、具体，将理由讲得合理、充分，只有这样上级机关才能及时决断，予以有针对性的批复

序号	组成	具体说明
3	正文	（2）主体：主要说明请求事项。它是向上级机关提出的具体请求，也是陈述缘由的目的所在。这部分内容要单一，只宜请求一件事。另外，请示事项要写得具体、明确、条理清晰，以便上级机关给予明确批复 （3）结语：应另起一段，习惯用语一般有"当否，请批示""妥否，请批复""以上请示，请予审批"或"以上请示如无不妥，请批转各地区、各部门研究执行"等
4	署名	标题写明发文机关的，这里可不再署名，但需加盖单位公章
5	成文日期	用阿拉伯数字写全年、月、日

五、请示的写作要求

请示的写作要求如表3-8所示。

表3-8 请示的写作要求

序号	写作要求	具体说明
1	一文一事	一份请示只能写一件事，如果一文多事，可能导致受文机关无法批复
2	单头请示	请示只能主送一个上级领导机关或者主管部门。如果需要，可以抄送有关机关。这就可以避免出现推诿、扯皮的现象
3	不越级请示	如果因特殊情况或紧急事项必须越级请示时，要同时抄送越过的直接上级机关。除个别领导直接交办的事项外，请示一般不直接送领导个人
4	不抄送下级	请示是上行公文，行文时不得同时抄送下级以免造成工作混乱，更不能要求下级机关执行上级机关未批准和批复的事项

📑 **相关链接**

请示与报告的区别

请示和报告都是上行文，是行政机关公文使用频率较高且容易混淆的文种。常见的问题主要有：将请示文种用报告文种呈送上级机关，请求上级机关批复（答复），这样就容易贻误工作。因此，在撰写请示和报告时，要特别注意二者之间的区别，具体内容如下。

1.作用不同

请示是向上级机关请求指示、批准；报告是向上级机关汇报工作，反映情况，提出意见和建议，答复上级询问，报送文件、物品等。

2.内容不同

请示是本单位无力无权解决或按规定须上级批准之后才能实施的事项；报告是本单位职责范围内比较重大的工作或向上级机关建议，须上级机关知道的事项。

3.容量不同

请示应一文一事；报告可多事一报，但不得夹带请示的事项。

4.时间不同

请示应事前行文；报告可在事前、事中和事后行文。

5.范围不同

请示一般只主送一个上级机关，不得多头主送或越级主送；报告可以主送几个相关的上级机关，其他上级机关也可以抄送。

6.处理不同

上级机关收到下级机关的请示后，应及时批准、批复（答复），若是办理件，下级机关应在收到上级机关批复（答复）后才能实施；上级机关收到下级机关的报告（主要是了解情况）后，可以不答复，下级机关也不用等待上级机关答复。

7.篇幅不同

请示的篇幅比较短，一般不超过1500字；报告的篇幅相对较长，但一般不超过3000字。

8.结束语不同

请示在结束时用"特此请示""特此请示，请批示""请审示"等；报告用"专此报告""特此报告"。

◼ 范本

关于成立 × × 物业公司 × × 分部、
× × 二期增加物业人员经费的请示

× × 实业公司：

随着"× ×还建小区"及"× ×花城·二期"项目的初步落成，物业管理服务范围的不断扩大，× ×物业公司现有的人力物力已不能满足正常的工作要求。

根据近期即将竣工的"× ×花城·二期"及"× ×还建小区"部分栋号已入住居民的实际需求，为保障正常的物业服务水准，我们拟成立物业公司× ×分部，特申请补充相应的物业人员及资金，详见下表。

补充人员及资金表

地点	岗位	计划人数	工资	办公经费
××还建区	分部主管	1人	××元/月	按××元/月执行（包含节假日加班费、误餐费、交通补助等）
	保安员	4～6人	××元/月	
	抄费员	1人	××元/月	
	保洁员	4～6人	××元/月	
	水电工	1人	××元/月	
	园艺工	1人	××元/月	
××二期	保安员	2人	××元/月	按××元/月执行
	保洁员	2人	××元/月	
合计		约20人	××元/月	××元/月

　　为熟悉掌握新建小区的建筑物、上下水、强弱电的建设情况及掌握住户的基本情况，××分部拟在本月内招聘物业管理主管1名，水、电工1名，抄费员1名到位提前入场开始前期工作，同时申请开办费3万元用于各种基本办公物资的添置。

　　以上建议妥否，请领导批示。

××物业管理有限公司

××年×月×日

第三节　调查报告

一、调查报告的概念

　　调查报告是指基于对现实生活中较为重大的事件、情况或问题的实地调查，经过归纳整理和分析研究，以揭露事件真相、总结工作经验、探索问题解决方法、探讨事物发展规律而形成的书面报告。

二、调查报告的特点

调查报告具有表3-9所示的特点。

表3-9　调查报告的特点

序号	特点	具体说明
1	内容真实	真实性是调查报告的生命所在。必须以充分、确凿的事实为依据，通过具体情况、数字、做法、经验、不足等说明问题，揭示规律，从实际出发，用事实说话，才能对制定政策与方针具有指导意义
2	针对性强	调查报告一般有比较明确的指向，调查取证都针对和围绕某一问题展开。针对性越强，作用越大
3	材料典型	为使调查报告更具说服力，应选取典型的、有代表性的材料，从中探索事物的发展规律，寻求解决矛盾的办法，以点带面，给全局工作提供借鉴
4	揭示规律	调查报告离不开确凿的事实，但又不是材料的机械堆砌，应对事实材料进行分析、研究，揭示事物的本质，阐明规律，指导实践。能否揭示事物发展规律，是衡量调查报告好坏的基本标准

三、调查报告的分类

调查报告按其内容的不同，可分为表3-10所示的几类。

表3-10　调查报告的分类

序号	类型	具体说明
1	情况调查报告	是比较系统地反映本地区、本单位基本情况的一种调查报告。这种调查报告平方根是为了弄清情况，供决策者使用
2	典型经验调查报告	是通过分析典型事例，总结工作中出现的新经验，从而指导和推动某方面工作的一种调查报告
3	问题调查报告	是针对某一方面的问题，进行专项调查，澄清事实真相，判明问题的原因和性质，确定造成的危害，并提出解决问题的途径和建议，为问题的最后处理提供依据，也为其他有关方面提供参考和借鉴的一种调查报告

四、调查报告的结构

调查报告一般由标题和正文两部分组成，如表3-11所示。

表3-11 调查报告的组成

序号	组成	具体说明
1	标题	标题可以有以下两种写法： （1）规范化的标题格式，即"发文主题+文种"，如"××关于××××的调查报告""关于××××的调查报告""××××调查"等 （2）自由式标题，包括陈述式、提问式和正副题结合使用三种。陈述式如《××师范大学硕士毕业生就业情况调查》，提问式如《为什么大学毕业生择业倾向沿海和京津地区》，正副标题结合式，正题陈述调查报告的主要结论或提出中心问题，副题标明调查的对象、范围、问题，这实际上类似于"发文主题+文种"的规范格式，如《高校发展重在学科建设——××大学学科建设实践思考》等。作为公文，最好用规范化的标题格式或自由式中正副题结合式标题
2	正文	正文一般分前言、主体、结尾三部分： （1）前言起到画龙点睛的作用，要精练概括，直切主题。前言有以下几种写法 ① 写明调查的起因或目的、时间和地点、对象或范围、经过与方法，以及人员组成等调查本身的情况，从中引出中心问题或基本结论来 ② 写明调查对象的历史背景、大致发展经过、现实状况、主要成绩、突出问题等基本情况，进而提出中心问题或主要观点来 ③ 开门见山，直接概括出调查的结果，如肯定做法、指出问题、提示影响、说明中心内容等 （2）主体。这是调查报告最主要的部分，这部分详述调查研究的基本情况、做法、经验，以及分析调查研究所得材料中得出的各种具体认识、观点和基本结论 （3）结尾。结尾的写法也比较多，可以提出解决问题的方法、对策或下一步改进工作的建议；或总结全文的主要观点，进一步深化主题；或提出问题，引发人们的进一步思考；或展望前景，发出鼓舞和号召

五、调查报告的写作要求

调查报告的写作要求如表3-12所示。

表3-12 调查报告的写作要求

序号	写作要求	具体说明
1	掌握充分的材料	调查之前要做好充分准备,有针对性地制订计划、确定调查步骤、选好题目、明确目的、确定对象、拟定提纲等,并运用各种调查方法,尽可能客观深入、全面地掌握第一手材料,包括直接的、间接的、正面的、反面的
2	认真分析材料	写调查报告,只有材料不是最终目的,而是要透过材料,找出带有规律性、具有最普遍指导意义的东西,并概括提炼成观点,从感性认识升华到理性认识,并最终指导实践
3	观点与材料一致	调查报告用事实说话,以叙述为主,但事实需要用正确的观点来统率,即用观点统率材料,材料说明观点,使叙述的事实和议论的观点有机地结合起来。叙议结合的办法,可以先叙后议,也可先"论"后"叙",还可夹叙夹议
4	合理安排结构	调查报告既要提出问题,又要解决问题;既要摆事实,又要讲道理;既要以材料说明观点,又要用观点统率材料。为此,在撰写时必须精心设计框架结构
5	用语生动活泼	调查报告要用事实说话,要反映事物发生、发展和变化的过程,并要对其进行分析,找出规律性的东西,用以指导工作。这样,在语言运用上,要善用比喻、排比、引用等修辞手法,力求生动活泼,富于表现力

📋 **范本**

年度业主(用户)满意度调查报告

物业( ) 物字第　　号

为了解业主(用户)对本管理处物业管理服务的评价,以改进物业管理服务质量,在管理处领导指导下,客户服务中心组织实施　　　　年年度业主（用户）满意度调查。

　　调查是____年____月____日起开始实施的。客户服务中心负责编制详细的调查实施方案和调查表，并安排好调查人员。

　　由客户服务中心王××负责调查表的发放和回收。由赵××将回收的《业主（用户）满意度调查问卷》进行汇总统计报客户服务中心。

一、调查结果

本次业主（用户）满意度调查结果如下：

1.调查表的发放情况

发放____份、收回____份、回收率____%；

2.具体调查结果

具体调查结果如下表所示。满意率情况：满意率____%。

满意率情况

调查内容	满意率（%）
维修及时性	
回访工作	
门岗工作	
停车服务工作	
公共区域清洁卫生	
绿化养护工作	
有偿服务／邮件收发工作	
公共区域设施设备维护	
员工的礼仪	
其他／食堂	
合计	

二、调查结果的分析与改进措施

　　____年____月____日，管理处主任主持召开了业主（用户）满意度调查专题会。在专题会上，客户服务中心主管对本次调查结果进行了通报，并提出了改进建议。管理处主任和各部门主管对调查结果进行了仔细分析，并对客户服务中心主管提出的改进建议进行了讨论，最终确定了需改进的项目以及改进措施，其具体内容如下表所示。

改进措施表

需改进项目	管理处改进措施	客户服务中心主管改进建议
回访工作：要求沟通回访多些	管理处制定定期回访时间表，每月至少____次	（1）管理处负责人每月至少对业主（用户）进行走访、拜访____次 （2）客服人员应每周对业主（用户）进行走访、拜访至少____次 （3）对业主（用户）的需求要求做到：事前、事中、事后跟踪回访
维修及时性：广场水景停用很长时间	管理处要加强维修处理力度，对维修工程要每天跟进，严格按照物业管理服务标准关于维修及时率执行，并加强工程人员培训	管理处应每月拟订出公共区域维保计划，加强巡视检查，及时发现问题，解决问题
门岗工作：保安员送错邮件	加强保安员培训。当事人承担全责，并全额赔偿给租户损失。管理处还将采取相应处罚	管理处应对邮件进行登记，加强收发管理
清洁卫生：租户上班时多次发现广场道路上有垃圾	调整保洁员工作时间，要求每天早上8点半前完成广场道路清扫工作	加强广场巡视频次

_____物业管理有限公司

_____管理处

____年____月____日

第四章　知照类文书

知照类文书主要包括公告、通告、通知、通报、布告、声明、启事、提示等。在此，简要介绍几种物业管理企业常用的知照类文书。

第一节　通　知

一、通知的概念

通知，是运用广泛的知照性公文。用来发布法规、规章，转发上级机关、同级机关和不相隶属机关的公文，批转下级机关的公文，要求下级机关办理某项事务等。

通知适用于发布、传达要求下级机关执行和有关单位周知或者执行的事项，批转、转发公文。

> ❓ 小提示
>
> 通知是物业管理企业使用最多的一种文书形式。通知的内容大致包括收缴费用、停水停电、办理各类手续、公共场地消杀、清洗外墙、公共设施改造等。

二、通知的特点

通知具有表4-1所示的特点。

表4-1　通知的特点

序号	特点	具体说明
1	应用的广泛性	通知可以用来指导工作、转发公文、传达有关事项、知照情况及任免人员等，其应用性相当广泛
2	法定的权威性	通知的精神，往往是国家的政策、法令的具体化，要求下级机关和有关人员贯彻执行和实施，因此有较强的权威性
3	对象的专指性	通知大多是专门针对特定机关和特定人员发的，因此具有专指性特点。不像公告、通告那样具有泛指性

三、通知的分类

通知可分为表4-2所示的类型。

表4-2　通知的分类

序号	类型	具体说明
1	转发通知	用于"批转"或"转发"公文的通知。此类通知又分"批转"和"转发"两种。 （1）批转通知，批转下级机关文件，要求有关单位执行或参照执行的通知 （2）转发通知，将上级机关或不相隶属机关的文件转发给下级机关的通知
2	印发通知	指将本机关有关规章、会议文件和领导讲话等发给下级机关的通知
3	部署通知	即传达要求下级机关办理事项的通知
4	知照通知	指传达需要有关单位和人员周知或执行事项的通知
5	任免通知	用于任免和聘用干部的通知
6	会议通知	这类通知是由会议的主办单位向应该参加会议的下属或有关单位发出的，告知参加会议的有关事项

四、通知的结构

通知由标题、正文和署名和成文日期等几部分组成，如表4-3所示。

表4-3 通知的组成

序号	组成	具体说明
1	标题	多用"发文机关＋事由＋文种"和"事由＋文种"两种形式。转发、印发通知的标题在"事由"中，根据实际情况，出现"批转"或"转发"或"印发"等显示其性质的字样，且只许保留一个"关于"与"通知"，以保证标题的简明。若是多层转发，则可省去中间桥梁单位的转发，直接写本机关转发发文机关的公文。若被转发公文是几个单位（并列性质）联合行文，可保留主办单位名称，后再加"等单位"或"等部门"字样。
2	正文	通知类别不同，正文写法不尽相同。 （1）批转通知：首先对被转公文进行批示，然后交代转发，再提出执行要求，或做指示，或做政策性的规定 （2）转发性通知：首先指明转发文件的目的、依据，然后交代转发，再向下级提出要求或做出具体执行规定 （3）部署通知：首先写部署工作、任务的依据、目的、意义等，再写对具体工作、任务的部署，最后对受文单位提出希望或执行要求 （4）知照通知：一般包括通知缘由、通知事项等。开头部分写通知缘由，主体部分写通知事项，结尾部分以"特此通知"作结语。内容繁杂的，分成若干自然段写；内容简单的，可篇段合一。也可不写单独结尾 （5）任免通知：首先写明任免原因、依据，再写清被任免人员的姓名、职务等，结尾用"特此通知"即可，也可不用 （6）会议通知：正文大都由三部分组成。第一部分先交代开会的缘由、依据和会议名称，然后以"现将有关事项通知如下"之类的语句引出下文；第二部分为主体部分，大致由"会议六要素"构成，即开会时间与期限，会议地点，与会者及其条件，会议内容或主要议题，参会需做的有关准备，会议其他事项（如经费、食宿、交通安排）；第三部分为结尾，通常是提出具体的受文要求（如要求寄回回执或电话回复是否参会等），还可注明联系人、联系地址及联系电话
3	署名	写出发文机关名称，如已在标题中写了机关名称的也可以省略
4	成文日期	用阿拉伯数字写全年、月、日

五、通知的写作要求

通知的写作要求如表4-4所示。

表4-4　通知的写作要求

序号	写作要求	具体说明
1	内容要具体，语言确切	制发通知的目的是为了回答和解决一些实际问题。因此，撰写通知一定要从实际出发，有的放矢。加强内容的针对性可以从对象、问题、思想三个方面考虑： （1）对象的针对性是指通知的内容应从具体的受文对象出发，能真实地反映受文对象的实际，能有效地回答和解决受文对象面临的问题 （2）问题的针对性是指通知所反映的情况和问题，是确实存在的，并且具有一定的普遍性和典型性，回答和解决具有必要性和迫切性 （3）思想的针对性是指要指出与存在问题相联系的思想认识问题，并对其实质和意义做出分析，以提高受文对象的理性认识，并实事求是、合情合理地提出切实可行的意见
2	层次要清楚，段落分明	层次，即文书内容的表现次序。就是一份文书，写几个问题，先写什么，后写什么，有序号，有标题或观点，一目了然。段落，又称自然段。段落与层次有区别也有联系，段落侧重于文字表达上的需要，有时一层意思用若干自然段来表达，有的一层就是一段。但层次与段落，并不能画等号。段落分明要做到"五性"： （1）单一性。就是一段要突出一个中心思想，不要在一段内容里写得很杂，以免节外生枝 （2）完整性。不要把一段完整的内容，分到几个自然段去阐述，这段说几句，那段说几句，搞得七零八落，支离破碎 （3）鲜明性。每段的第一句话，要尽量加段首句或标题，必要还要加序号。当然有的也不要勉强，本来就很简单，也可不加段首句或标题 （4）连续性。段落之间要有内在联系，使每段成为一份文书的有机组成部分，做到"分之为一段，合则为一篇" （5）协调性。即分段要注意整体的匀称，做到轻重相当，长短适度，不要有的段很长，有的段很短

续表

序号	写作要求	具体说明
3	篇幅要简短，文字精练	通知事项，不管是做出指示，还是部署工作，或是安排活动，对做什么，怎么做，做到什么程度，有什么要求，都应当具体、明确，简明扼要，不能含糊，模棱两可，这样受文对象才能把握要领，落到实处。通知的内容现实性、针对性强，要有效地回答和解决实际问题，就必须迅速及时地制发，如果拖延时机，等情况变化以后再写就会失去其应有意义

■ **范本**

停水通知

_____物业（____）物字第____号

尊敬的各位业主（用户）：

　　为了让大家用上清洁干净的生活用水，管理处将定于____年____月____日晚上____点至____年____月____日早上____点对地下水池进行清洗，到时将暂停供水，请大家备好生活用水，不便之处，敬请谅解。

　　服务电话：_____

_____物业管理有限公司

_____管理处

____年____月____日

关于楼栋天台管理的通知

_____物业（____）物字第____号

尊敬的各位业主（用户）：

　　楼栋天台虽然是小区的公共部位，但因为存放着一些重要的共用设施设备，物业管理处在天台安装了门锁，以防止无关人员进入，对设施设备造成损坏。物业管理处会定期对共用设施设备进行清洁、检修和养护。

　　但管理处近期发现个别业主（用户）擅自撬开楼栋天台门锁，在天台上堆放私人物品和晾晒衣物。这种行为缺乏公德意识，容易对存放在天台的共用设施设备的正常运转造成不利影响，甚至会损坏设施设备，并造成安全隐患。

　　爱护家园人人有责，希望各位发现上述情况后，能够与物业管理处及时沟通。希望我们携手共同创造一个安全、文明、和谐的小区！

　　同时在此做出声明：如发现不经物业管理处同意，擅自撬开楼栋天台门锁者，产生的安全问题全部由其个人承担，并将追究一切的法律责任！

_____物业管理有限公司

_____管理处

____年____月____日

关于收取物业管理费的通知

_____物业（____）物字第____号

尊敬的业主（用户）：

　　根据_____文件，_____高层住宅已符合相应收费标准。管理处将于____年____月____日起按双方约定恢复每月____元/平方米的物业管理费标准。

　　管理处收费时间为每月____～____日，逾期每天将按合同约定收取滞纳金，请各位业主（用户）按时到管理处缴纳物业管理费。

　　若有任何疑问，请致电_____与管理处客户服务中心联络。

　　多谢您支持我们的工作！

　　特此通知，敬请相互转告！

_____物业管理有限公司

_____管理处

____年____月____日

关于确定防火责任人的通知

_____物业（____）物字第____号

各单位：

　　为严格执行国家消防法规，保障大厦业主（用户）的生命财产安全，请贵单位确定防火责任人（应为贵单位常驻本大厦的负责人），并填写以下"本单位防火责任人名单"（见附表），加盖公章后送交管理处客户服务中心。管理处将签发"防火责任人任命书"给贵单位，请贵单位防火责任人按照"防火责任人职责"贯彻落实各项消防工作。

　　　　　　　　　　　　　　　　_____物业管理有限公司

　　　　　　　　　　　　　　　　　　　　_____管理处

　　　　　　　　　　　　　　　　　　　___年___月___日

　附表：

本单位防火责任人名单

房号	单位名称	防火责任人姓名

消防演习通知

_____物业（____）物字第____号

尊敬的_____业主（用户）：

　　您好！为了贯彻"预防为主、防消结合"的消防方针，促进防火安全工作，培养物业管理处全体员工的消防意识，提高义务消防员的消防作战能力，物业管理处定于____年____月____日下午____：____在小区进行消防演习。

一、演习的时间：____年____月____日下午____：____。

二、演习的地点：小区南门信报箱前。

三、参加人员：全体保安人员、监控员、各部门代表。

四、演习负责人：_____

五、演习的内容

1.消防预案的学习（室内会议室）。

2.灭火器的使用及实际灭火演习（室外）。

3.消防水带的连接及实际灭火喷水（室外）。

六、演习分工

1.监控员____讲解消防灭火预案（会议室），明确如何报警、查明火情及各部门分工。

2.安全护卫部主管讲解灭火器的使用方法及开展实际灭火演习（事前做好物资准备），找两名保安员及两名员工进行实际操作。

3.安全护卫部主管负责消防水带的连接，对全体人员讲解如何连接使用及实际喷水演习。

4.消防井的开启及控制请工程部配合。

欢迎广大业主（用户）届时到场进行参观、监督，并提出宝贵意见，如需更加详细地了解细节问题，请致电物业客服热线：_____。

_____物业管理有限公司

_____管理处

____年____月____日

第二节 通 告

一、通告的概念

通告，是适用于在一定范围内公布应当遵守或者周知事项的周知性公文。通告的使用面比较广泛，一般机关、企事业单位甚至临时性机构都可使用，但强制性的通告必须依法发布，其限定范围不能超过发文机关的权限。

通告适用于在一定范围内公布应当遵守或者周知的事项。

> **? 小提示**
>
> 通告是物业管理处向业主（用户）发布的一种较特殊的文书。内容多偏向于对业主（用户）某些行为的管理，其中包括禁止业主（用户）实施某些行为，如禁止在小区内乱发广告、禁止违规装修、禁止破坏公共设施、禁止高空抛物等；还有一些是对管理处即将采取的管理措施的通告等。

二、通告的特点

通告具有表4-5所示的特点。

表4-5　通告的特点

序号	特点	具体说明
1	公开性	通告以向社会公开发布的形式来实现让社会有关单位或人员知晓其事项为目的

续表

序号	特点	具体说明
2	知照性	通告的目的就是要求有关人员知晓通告内容或遵守执行其有关事项
3	规定性	通告的规定性,即祈使性,表现在有的通告不仅仅在于让公众了解情况,还要求遵守有关规定
4	紧迫性	通告有时限定生效和失效时间,因而具有时限性,故常需借助大众媒体为其迅速传播

三、通告的分类

根据内容性质和要求,通告可分如表4-6所示的两类。

表4-6 通告的分类

序号	类型	具体说明
1	周知性(事务性)通告	即在一定范围内公布需要周知或需要办理的事项,政府机关、社会团体、企事业单位均可使用。例如,建设征地通告、更换证件通告、施工通告等
2	规定性(制约性)通告	用于公布应当遵守的事项,只限行政机关使用,如《关于禁止燃放烟花爆竹的通告》

四、通告的结构

通告一般由标题、发文字号、正文、署名和成文日期组成,如表4-7所示。

表4-7 通告的组成

序号	组成	具体说明
1	标题	通告标题有四种表达形式,可根据实际选择一种。 (1)由"发文机关+事由+文种"构成,如《××市建设局关于对建筑企业进行资格年审的通告》

续表

序号	组成	具体说明
1	标题	（2）由"事由＋文种"构成，如《关于确保重阳节登高活动安全的通告》 （3）由"发文机关＋文种"构成，如《中华人民共和国公安部通告》 （4）只用"通告"文种的，这样的通告，正文一般较简短
2	发文字号	印刷张贴的通告的发文字号标注在标题之下，一般靠右。登报的不一定在报上登出发文字号，但存档中一定要编发文字号
3	正文	通告正文一般分缘由、事项和结尾三层写。 （1）缘由：扼要写明原因、依据和目的等 （2）事项：写明通告的具体内容，内容较多或较复杂时最好分点写 （3）结尾：若有具体要求，则写出具体要求；若没有具体要求，通常用"特此通告"来作结，也可省写结语。
4	署名	标题上若出现了发文机关名称，可不再落款；若标题上没有出现发文机关名称，则应落款
5	成文日期	用阿拉伯数字写年、月、日

五、通告的写作要求

通告的写作要求如表4-8所示。

表4-8　通告的写作要求

序号	写作要求	具体说明
1	一事一告	通告的内容限于说一件事或一个问题，不要把性质不同的事放在一起
2	语言简洁	通告的语言运用要注意通俗简洁，叙述流畅，以便于公众接受

相关链接

通报、通告、通知的区别

通报、通告、通知都有沟通情况、传达信息的作用，但它们之间也有一定的区别。

1.所告知的对象不同

通报是上级机关将工作情况或带有指导性的经验教训通报下级单位或部门，无论哪种通报，受文单位只能是制发机关的所属单位或部门；通告所告知的对象是全部组织和群众，它所宣布的规定条文具有政策性、法规性和某种权威性，要求人们遵照执行，一般都要张贴出来或通过电台、电视台等新闻媒体大力宣传；通知一般只通过某种公文交流渠道，传达至有关部门、单位或人员，它所告知的对象是有限的。

2.制发的时间不同

通报制发于事后，往往是对已经发生了的事情进行分析和评价，通报有关单位，从中吸取经验和教训；通告、通知制发于事前，都有预先发出消息的意义。

3.目的不同

通报主要是通过典型事例或重要情况的传达，向全体下属进行宣传教育或沟通信息，以指导、推动今后的工作，没有工作的具体部署与安排；通知主要是通过具体事项的安排，要求下级机关在工作中照此执行或办理；通告公布在一定范围内必须遵守的事项，有较强的、直接的和具体的约束力。

4.作用不同

通报可以用于奖惩有关单位或人员，而通知、通告不具有此作用。

范本

关于启用门禁系统的通告

_____物业（____）物字第____号

尊敬的各位业主（用户）：

小区出入门禁系统现已在紧张施工中，按照计划将于____月____日开始正式启用。届时小区将实行全封闭式管理，业主（用户）需凭门禁IC卡出入小区各个门口。现将门禁系统的IC卡领取方式及使用规定通告如下：

一、领取IC卡方式

1.____～____栋的业主（用户）请凭房产证于____月____日至____月____日到物业管理处领取门禁IC卡，每户限免费领取____张。

2.____～____栋的业主（用户）凭房产证于____月____日至____月____日到物业管理处领取门禁IC卡，一房免费领取____张出入IC卡，两房以上的免费领取____张。

二、门禁系统使用管理规定

1.小区业主（用户）凭门禁卡刷卡出入各出入口，门禁卡在使用时一人一卡进出闸口。

2.行人、自行车、电瓶车、摩托车一律从非机动车道通行，进出闸口时，应注意摆闸开启位置，然后下车推行，摆闸开启不充分时请勿急于通过。

3.小区业主（用户）乘坐出租车进入小区请出示门禁卡。

4.来访人员（送货人员）由门岗保安核实身份后登记放行。

5.门禁卡只能用作小区出入口的通行，应妥善保管，不能折叠，远离磁场。

6.为确保小区安全，请不要随意出借门禁卡，如有遗失，请凭房产证到物业管理处补办，补办费用为每张____元。遗失门禁卡会给小区带来安全隐患，请小心存放。

____年____月____日至____年____月____日为门禁系统使用适应期，如业主（用户）遗忘携带IC卡，请告知门岗保安配合开启门禁，____月____日开始全面启用门禁系统，请各位业主（用户）相互转告并配合门禁系统的启用！希望我们的服务能给大家带来更多的安全保障。

_____物业管理有限公司

_____管理处

关于弱电系统改造工程完工的通告

_____物业（____）物字第____号

尊敬的各位业主（用户）：

首先感谢您对本物业管理处工作的理解和支持！在物业管理处的积极努力及业主（用户）的大力配合下，弱电系统改造工程已基本完工，现将部分注意事项通告如下：

1.小区出入管理系统和电子巡更系统已于____年____月____日启用。每个门栋楼的黑色小圆点是巡更信息采集点，请不要处于好奇或其他原因破坏。

2.小区门禁出入系统已于____月____日正常启用，为了确保小区门禁系统的正常使用，请积极配合保安出入管理工作，进出小区请自行使用门禁卡。

3.周界电子围栏系统将于明日启用，为了确保您的安全，请不要靠近电子围栏。

小区的安全不仅靠物业管理处的有效管理，还要靠广大业主（用户）的积极配合。希望广大业主（用户）能积极配合物业管理处的日常管理，共同建设美好家园！

_____物业管理有限公司

_____管理处

____年____月____日

关于治理私搭乱建的通告

_____物业（____）物字第____号

尊敬的各位业主（用户）：

　　_____小区私搭乱建现象由来已久，尤其是近两年最为严重，完全处于无序状态，严重破坏了小区环境，也破坏了小区的整体升值空间。

　　为了小区、为了全体业主（用户）的利益，必须严格治理私搭乱建现象。近期，我们将采取如下措施：

　　1.通知所有在建工程今年内必须完工，对侵占公共绿地、影响四邻的建筑劝其拆除，恢复原貌。对不听规劝和抗拒者，将向全体业主（用户）公示，并向市政府和城管反映。

　　2.对没有侵害相邻权和小区形象的，请他们补办相应手续。

　　3.从____月____日起，全面清理小区建筑材料和建筑垃圾。

　　（1）凡堆放在公共区域的建筑材料和建筑垃圾，将一律清理，清理费用由该业主（用户）承担。

　　（2）对庭院里内的建筑材料进行登记，整理堆放形状，清运建筑垃圾。

　　4.从____月____日起，严禁未经四邻同意和未办理手续的建筑材料进入小区，并制定细则，严格管理。

_____物业管理有限公司

_____管理处

____年____月____日

第三节　启　事

一、启事的概念

启事是机关、团体、单位个人有事情需要向公众说明，或者请求有关单位，广大群众帮助时所写的一种说明事项的实用文体。

物业管理企业在小区内发布的启事一般只涉及失物招领、寻物等内容。

二、启事的特点

启事具有公开性、广泛性、实用性、随意性的特点。

三、启事的结构

启事主要由标题、正文和落款等几部分组成，如表4-9所示。

表4-9　启事的结构

序号	组成	具体说明
1	标题	失物招领或寻物启事等
2	首行	填写启事要告知的人员，如"尊敬的各位业主（用户）："
3	正文	（1）失物招领：可灵活多样，可以介绍事情的经过，失物的情况，要求失物者何时到何地凭什么证件去领失物 （2）寻物启事：介绍何时何地丢失了何物，要详细描述失物的特征，并写明返回有酬谢之类的话
4	落款	写启事者签名及日期

四、启事的写作要求

拟稿者在写作启事时，应注意标明时间、地点及所要招领或寻找的物品的特征等，同时一定要注明联系方式。

> **■ 范本**
>
> ### 失物招领启事
>
> ＿＿＿＿＿＿物业（＿＿）物字第＿＿号
>
> 尊敬的广大业主（用户）：
>
> 　　管理处工作人员近日在巡楼中拾得钥匙数串，敬请丢失者携带相关证件到客户服务中心认领。再次提醒各位业主（用户）注意保管好自己的物品，以免给您的生活带来不便。
>
> ＿＿＿＿＿＿物业管理有限公司
>
> ＿＿＿＿＿＿物业管理处
>
> ＿＿年＿＿月＿＿日
>
> ### 寻物启事
>
> ＿＿＿＿＿＿物业（＿＿）物字第＿＿号
>
> 　　由于本人（＿＿）不慎，于＿＿年＿＿月＿＿日将一台笔记本电脑遗落，具体地址：＿＿＿＿＿＿＿＿＿＿＿＿。
>
> 　　电脑是银白色外壳；型号：＿＿；内存：＿＿兆；硬盘＿＿G；总价值：＿＿元；电池右侧锁键不太灵活；购买于＿＿年＿＿月，＿＿成新。
>
> 　　这笔记本电脑对我有非凡的意义，本人愿意出＿＿元酬谢拾到的好心人。

希望有捡到的，能与我联系，本人十分感谢！

我的地址是：_____。

联系电话或邮箱：_____；_____。

_____物业管理有限公司

_____物业管理处

启事人：_____

____年____月____日

第四节 提 示

一、提示的概念

提示是把对方没有想到或想不到的地方提出来，引起大家注意。

提示是一种常用的物业文书。物业管理处发布的提示，一般用于特殊天气、气候的提示和对节日安全的提示以及对社区内公共设施使用安全的提示等。

比如，在南方沿海一带城市夏季遇到台风，北方城市冬季遇到降温降雪天气时，管理处应在时刻关注政府相关部门发布预告的同时，以发布提示的方式提前告知业主（住户），提醒业主（住户）做好各方面的准备。

二、提示的结构

提示主要由标题、正文和落款等几部分组成，如表4-10所示。

表4-10 提示的结构

序号	组成	具体说明
1	标题	温馨提示（也可把主题加在温馨提示之前）
2	首行	填写要提示的人员，如"尊敬的各位业主（住户）：""
3	正文	（1）点明提示的主题 （2）罗列提醒业主（住户）注意的事项
4	落款	物业管理处盖章、日期

三、提示的写作要求

由于提示的内容通常与业主（住户）的切身利益（如人身安全等）有着密切的关系，主要是提醒业主（住户）加强注意，所以拟稿者在写作时、在明确提示内容的前提下，语气应保持温和，要让业主（住户）在收到提示的同时感受到管理处对业主（住户）的关怀及服务的真诚，普遍的做法就是将提示的标题拟为"温馨提示"。

📋 **范本**

五一劳动节温馨提示

_____物业（____）物字第____号

尊敬的各位业主（用户）：

五一劳动节来临之际，管理处各项业务正常开展，大家在欢度节日的同时，管理处提醒业主（用户）注意以下几点。

1.外出时请您关好门窗，检查煤气阀、水龙头是否关好。

2.五一期间大多数天气为多云转阵雨，请大家将放在阳台的花盆移入室内，以免坠落砸伤人。

3.请大家在外出时锁好门，左右邻居相互照看，发现可疑人员及时通知管理处（联系电话：＿＿＿＿＿＿＿＿＿＿＿）。

4.春天正是鲜花盛开的季节，为了让我们的家园更美丽，希望大家不要去采摘鲜花，美好的环境是靠大家自觉来维护的。

5.如遇紧急情况请您及时拨打管理处24小时值班电话。

白天：＿＿＿＿＿＿＿＿＿＿＿＿＿ 夜间：＿＿＿＿＿＿＿＿＿＿＿＿＿

管理处全体员工恭祝大家节日愉快，万事如意！

＿＿＿＿＿＿＿物业管理有限公司

＿＿＿＿＿＿＿管理处

冬季用电温馨提示

＿＿＿＿＿＿＿物业（＿＿＿）物字第＿＿＿号

尊敬的各位业主（用户）：

冬季是用电高峰期，大家习惯于家中同时使用多种取暖设备，但一定要将安全用电放在首位。

＿＿＿年＿＿＿月＿＿＿日＿＿＿：＿＿＿分左右，有业主打电话给客户服务中心反映，本单元内一楼业主家往外冒烟。客户服务中心值班的客服专员在接到业主反馈问题后，立即通知保安主管前往查看情况。业主家中无人，但已有黑烟陆续从门缝中漏出，显示出家中失火。根据现场情况，保安主管立即报警，及时与业主联系，并安排大门口岗位做好接警工作。

客户服务中心的客服专员在联系到业主后，告知业主家中失火情况，并征求业主本人意见要求破门灭火。在该业主口头授权的同意下，在110和众多其他邻居的见证下，保安员先后把卧室的窗户、南阳台门砸碎，进入家中用瓶装灭火器进行灭火，并在随后赶来的119接水带协助下将火灾扑灭。待业主赶回后，明火已经扑灭，家中客厅的电视和电视机柜已经被烧毁，但也因为抢救及时，没有造成更加严重的损失。

据统计，自业主入住以来，前后发生了近20起起火事件，有业主出门忘记关煤气的，也有线路老化的，也有电器使用不当。但＿＿月＿＿日的火灾，是业主入住五年来，最为严重的一次。

在此，管理处做出如下温馨提示：

1. 出门时请务必关闭家中的电源开关。

2. 定期检查家中的电器线路，发现老化的及时更换。

3. 最好购买家庭财产险作为保障。

4. 发现火警，请立即拨打119。

＿＿＿＿＿＿物业管理有限公司

＿＿＿＿＿＿管理处

＿＿年＿＿月＿＿日

关于天气变化的温馨提示

＿＿＿＿＿＿物业（＿＿）物字第＿＿号

尊敬的业主（用户）：

您好！

近阶段时期，气温变化较大，请注意服装添减，以防疾病。夏季即将来临，风雨、雷电天气可能会频繁出现，希望各位业主（用户）注意自身身体健康外，对居室中放置在阳台、窗台的杂物，如花盆、晾晒的衣物等请妥善放置，避免在刮大风时丢失、砸伤行人或毁坏其他物品，雷电时请注意保护好您家中的电器。在外出时切记检查家中水管、电器、煤气、门窗是否关好，以避免安全隐患。

＿＿＿＿＿＿物业管理有限公司

＿＿＿＿＿＿管理处

＿＿年＿＿月＿＿日

第五节 公 示

一、公示的概念

公示是党政机关、企事业单位、社会团体等事先预告群众周知，用以征询意见、改善工作的一种应用文文体。

> ❓ **小提示**
>
> 物业管理企业常用公示文书主要是收费公示，是为了让业主（用户）们充分了解物业收费项目、服务内容及计费方式，增加透明度。

二、公示的特点

公示具有表4-11所示的特点。

表4-11 公示的特点

序号	特点	具体说明
1	公开性	指公示所写作的内容、承载的信息，都是要向一定范围内或特定范围内的人员公开出来的，是要让大家知道和了解的，具有较强透明度，不存在任何秘密和暗箱操作
2	周知性	指公示写作的目的，是为了让关注它内容与信息的人们都了解是怎么回事，从而参与其事

续表

序号	特点	具体说明
3	科学性	指公示的时间要科学合理，不但要反映公示的过程，更要反映出公示的结果，反映出群众的意愿。公示是事先的公示，不是事后的公示。公示的内容是初步的决定而非最终的决定。如果是最终的决定就必须在"公示"前言中加以说明
4	民主性	指公示的过程与结果，都是公开、公平、公正的，都是有群众参与和监督，并为他们所认可的

三、公示的结构

公示主要由标题、正文和落款等几部分组成，如表4-12所示。

表4-12　公示的结构

序号	组成	具体说明
1	标题	标题主要有以下几种形式： （1）发文单位＋事由＋文种，如×××关于×××的公示 （2）发文单位＋文种，如×××的公示 （3）事由＋文种，如关于×××的公示
2	正文	正文一般包括4个层次，即常见的"构文程式"：缘由→事项→公示要求→结语。 （1）缘由：开头先简明扼要地交代发布公示的背景、原因、根据、目的、意义等，可写一项、两项，也可三项俱全，应根据具体情况酌定。公示常用的特定承启句式"为……特公示如下"，或者"根据……决定……特此公示"引出公示的事项。最后常以过渡语"现将……公示如下""特发布此公示"引入"事项"部分。若用此类过渡语，则尾语的"特此公示"就不必重复出现。 （2）事项：公示事项是全文的核心部分，包括周知事项和执行要求。其写作内容与结构形式的安排也因文而异。撰写这部分内容，首先要做到条理分明，层次清晰，事项如果较简单，可以与第一部分写成"篇段合一"式；如果内容较多，可采用分条列项的方法，条文要简洁明确，表达准确，条理清楚；如果内容比较单一，

续表

序号	组成	具体说明
2	正文	也可采用贯通式方法。其次要做到明确具体，需清楚说明受文对象应执行的事项，以便于理解和执行。通常知照性公示的"事项"最为单纯，只需将社会各有关方面需要周知的事项交代清楚即可，常取"贯通式"结构形式，一气呵成；法规性公示的"事项"稍显复杂，因其"强制措施"中往往包含"令行""禁止""惩处"几个要素，而且每个要素又各有其相当丰富的内涵，结构上常取"分条列项"形式；晓谕性公示的"事项"最为复杂，因为它是"知照事项"与"强制措施"的叠加，其结构也应取"分条列项"形式 （3）公示要求：便于群众反馈。也可以写明公示的起始及截止日期（以工作日计），公示时间一般是 7 ～ 15 天 （4）结语：结尾可用"特此公示"或"本公示自发布之日起实施"或"此告"等惯用语收束，也可省略
3	落款	写明发布公示的单位名称（加盖公章）及发布时间、意见反馈单位地址及联系方式。也可以把发文日期加括号写在标题之下

■ 范本

物业管理收费公示表

_____ 物业（____）物字第____号

收费单位： 管理处负责人：
价格投诉电话： 房屋管理局投诉电话： 管理处联系电话：

收费项目	服务内容	实际收费标准计费方式		收费依据	价格管理形式
物业服务收费	接受物业产权人、使用人委托对房屋建筑及其设备、公共设施、绿化、治安和环境等项目开展日常维修、修缮等服务	××小区	每平方米____元/月		政府指导价

续表

收费项目	服务内容	实际收费标准计费方式		收费依据	价格管理形式
房屋本体维修基金	房屋的外墙、楼梯间、通道、屋面、上下水道、公共水也、加压水泵等本体公用设施的养护和维修改造工程项目	××小区	每平方米____元/月		政府指导价
水费（包括排污费）	代收	××小区	____元/每立方		政府定价
加压排污费	加压供水	××小区	____元/每立方		政府指导价
电费	已抄表到户，供电局直接收取	××小区	____元/度		政府定价
	代收		____元/度		
停车费	提供车辆停放服务，不承担保管责任	月卡车	____元/月		政府指导价
		停时车	____元/24小时内		
装修保证金及装修垃圾清运费	装修保证金收取时间不超过三个月，验收合格后退还	施工队	____元/户		政府定价
装修垃圾清运费	清运装修户的装修垃圾	业主（用户）	____元/户		政府指导价
装修工人证件工本费	对装修人员出入实行持证管理，办证工本费用	____元/证			政府指导价

说明：（1）服务标准见××物业管理有限公司服务承诺。
（2）收费对象是服务项目对应的业主（用户）。
（3）未经公示的项目不得收费，本公示之外的其他市场调节价项目另行明码标价。

_____物业管理有限公司

_____管理处

____年____月____日

有偿服务项目及收费公示通知

_____物业（____）物字第____号

尊敬的各位业主（用户）：

为了更好地为您服务，特进行有偿服务项目及收费公示，敬请周知：

一、有偿服务报修流程

电话报修：_____（24小时水电值班电话）

口头通知：各楼宇物业客户服务中心服务台

申报须知：请您将单元、联系电话、故障类型、要求提供服务的时间、服务要求等一并说明清楚，以便及时与您联络。

监督投诉电话：_____、_____

二、有偿服务维修流程

1.管理处接收有偿服务信息的人员填写工作联系单到运行维修组。

2.运行组根据维修内容安排维修人员上门查看并报价（以公布的收费标准为据）。

3.业主（用户）同意报价后，维修人员维修，业主（用户）对维修结果在验收单上填写意见。

4.工作联系单一式四联，用户一联，开单人留存一联，维修工一联，服务中心一联，开单人需对服务情况回访。

三、服务承诺

一证件：维修人员须向业主（用户）出示自己的工作牌。

二公开：维修人员须向业主（用户）公开出示有偿服务价目维修单，并按价目维修单标准收费。

三到位：维修人员收到信息后____分钟内到现场查看，维修后现场清理到位，服务后向业主（用户）演示维修结果到位。

四、维修事项说明

1.收费标准（管理处提供材料维修的项目）按照以下标准收取：

$$维修费用 = 材料费 + 材料费 \times 30\%$$

（材料价格为管理处仓库出库价，30%＝人工费10%＋管理费10%＋利润10%）

2.业主（用户）可以选择由管理处提供材料，也可以自行购买材料，管理处只参照同类项目收取30%的服务费用等。

3.管理处不提供材料且工时不超过＿＿＿分钟的免费服务。

4.对于不在本菜单的维修项目，视情况另行报价。

五、有偿服务项目及收费标准

根据国家相关法律法规规定，特制定有偿服务项目及收费标准，具体如下：

有偿服务项目及收费标准

维修项目	单位	材料费	维修费	合计

备注：以上材料价格为＿＿＿年＿＿＿月份市场材料价，作为维修时业主（用户）衡量收费的参考值，考虑到材料价格是一个变量，维修时的材料价格将以管理处仓库领料单上显示的采购价为准；业主（用户）也可自行购买材料，管理处仅收取相应的服务费用；管理处不提供材料且工时不超过＿＿＿分钟的免费。

＿＿＿＿＿＿＿物业管理有限公司

＿＿＿＿＿＿＿管理处

＿＿＿年＿＿＿月＿＿＿日

使用维修基金公示表

_____物业（_____）物字第_____号

维修项目简介
_____座_____室外墙有两处漏水，已严重影响_____业主（用户）正常生活，一到下雨天，家中窗口和墙壁到处是水，_____业主（用户）现请求动用维修基金做好外墙防水。经审核，该项维修属于住宅维修基金使用范围，现工程部请专业防水人员进行检查，并与其协商好防水处理工作的费用，共需_____元。经业主委员会同意，现公示业主（用户）。
费用预算
附工程预算表 （略）
本单元业主（用户）意见
业主（用户）有任何意见和建议请致电管理处： 电话客户服务中心：_____工程部 管理处将按照维修基金使用的相关规定，如反对率低于30%，将在公示十五日日后着手安排项目维修。公示日期（_____年_____月_____日至_____月_____日）。

_____物业管理有限公司

_____管理处

_____年_____月_____日

第五章 计划总结类文书

计划总结类文书主要包括计划、规划、纲要、安排、要点、方案、总结等。在此，简要介绍几种物业管理企业常用的计划总结类文书。

第一节 计 划

一、计划的概念

计划是机关、团体、企事业单位对一定时期的工作预先做出安排时使用的一种文体。简而言之，计划是行动的先导，是工作之前用文字形式拟定的工作内容和步骤。其目的是为了事先心中有数，减少盲目性。

二、计划的特点

计划具有表 5-1 所示的特点。

表 5-1　计划的特点

序号	特点	具体说明
1	预见性	不是对已经形成的事实和状况的描述，而是在行动之前对行动的任务、目标、方法、措施所做出的预见性确认。以上级指示为指导，以本单位实际条件为基础，以过去的成绩和问题为依据
2	可行性	在对实际情况的客观把握基础上，目标要求有实现的可能性，不可过高或过低，防止挫伤积极性或保守

续表

序号	特点	具体说明
3	针对性	就是说，计划是根据单位的实际情况和要求制订出来的，并在实施过程中有可能根据变化了的情况对计划进行局部修改
4	约束性	计划、方案虽不是法规，但一旦通过了，各方都要照着去做

三、计划的分类

计划的种类有很多，我们可以按不同的标准进行分类，主要分类标准有计划的重要性、时间界限、内容的明确性等。依据这些分类标准对计划进行划分，所得到的计划类型并不是相互独立的，而是密切联系的。

（1）按计划的重要性划分。根据计划的重要程度，可将计划分为如表5-2所示的两种。

表5-2　计划按其重要性分类

序号	类型	具体说明
1	战略计划	应用于整体组织的、为组织设立总体目标和寻求组织在环境中的地位的计划称为战略计划。战略计划趋向于包含持久的时间间隔，通常为五年甚至更长，它覆盖较宽的领域或不规定具体的细节。战略计划的一个重要任务是设立目标
2	作业计划	规定总体目标如何实现的细节的计划称为作业计划。作业计划假定目标已经存在，只是提供实现目标的方法

（2）按计划的时间界限划分。按时间界限的不同，可将计划分为如表5-3所示的两种。

表5-3　计划按其时间界限分类

序号	类型	具体说明
1	长期计划	描述了组织在较长时期（通常五年以上）的发展方向和方针，规定了组织的各个部门在较长时期内从事某种活动应达到的目标和要求，绘制了组织长期发展的蓝图

续表

序号	类型	具体说明
2	短期计划	具体规定了组织的各个部门在目前到未来的各个较短的时期阶段，特别是最近的时段中，应该从事何种活动，以及从事该活动应达到何种要求，为各组织成员的行动提供了依据

（3）按计划内容的明确性划分。根据计划内容的明确性指标，可将计划分为如表5-4所示的两种。

表5-4　计划按其内容的明确性分类

序号	类型	具体说明
1	具体性计划	具有明确规定的目标。例如，企业销售部经理为了使销售额在未来六个月内增长15%，他会制定明确的程序、预算方案以及日程进度表，这便是具体性计划
2	指导性计划	只规定某些一般的方针和行动原则，给予行动者较大自由处置权。该计划仅指出重点但不会把行动者限定在具体的目标上或特定的行动方案上。例如，一个增加销售额的具体计划可能规定未来六个月内销售额要增加15%，而指导性计划则可能只规定未来六个月内销售额要增加12% ~ 16%。相对于指导性计划而言，具体性计划虽然更易于执行、考核及控制，但缺乏灵活性，它要求的明确性和可预见性条件往往很难满足

四、计划的结构

计划主要由标题、正文、落款几部分组成，如表5-5所示。

表5-5　计划的组成

序号	组成	具体说明
1	标题	标题主要由以下几种形式： （1）由"单位名称＋时间期限＋内容范围＋文种"组成，如《××大学20××年度教学改革计划》 （2）由"时间期限＋内容范围＋文种"组成，如《20××年度教学改革计划》

续表

序号	组成	具体说明
1	标题	（3）由"单位名称＋内容范围＋文种"组成，如《××大学教学改革计划》 （4）由"单位名称＋时间期限＋文种"组成，如《××大学20××年度计划》 （5）由"内容范围＋文种"组成，如《业务考核计划》 　如果计划尚未定稿，应在标题之后加括号写上"草稿""征求意见稿""草案""初稿"或"讨论稿"等
2	正文	正文由以下三部分组成： （1）指导思想和基本情况——为何做 　计划的前言，主要说明为什么制订这份计划和制订计划的根据，即回答"为什么做"的问题。计划的根据是指上级文件或指示精神，整体或较长期计划的要求，做好所计划工作的重要意义，本单位的实际情况和工作需要等。前言还包括计划的总任务、工作情况的分析，承上启下过度等。这部分内容可详可略。一般单位例行工作则略，申报重要工作计划应详。 （2）任务和目标——做什么 　即计划所要达到的目标。它回答"做什么"的问题，是计划的灵魂。任何计划都必须写清楚任务和要求。要做到目标明确，还必须对总体目标（总任务）进行必要的分解，分解为具体目标、要求，形成一个目标体系。 （3）措施和步骤——做怎么做何时做 　措施是为完成任务而采取的具体办法；步骤是实施计划的程序和时间安排。措施包括达到既定目标需要什么手段，动员哪些力量，创造什么条件，排除哪些困难以及人员分工等。要写得具体明确，切实可行。 （4）其他事项：包括应注意的问题，检查、评比、修改计划的办法等
3	落款	若标题已写明单位名称，则结尾可省去单位名称。

五、计划的写作要求

　　计划的写作要求如表5-6所示。

表5-6 计划的写作要求

序号	写作要求	具体说明
1	要从实际出发，量力而行	制订计划要有实事求是的精神和科学的态度，要正确处理好可行性与科学性的关系。所确定的目标任务、措施办法应合乎本单位、本部门的实际，提出的指标是经过努力可以实现的，措施办法是切实可行的。要做到这些，制订计划前一定要做好充分的调查研究，多方面了解情况；坚持走群众路线，广泛征求基层和群众意见，发扬团队精神，集思广益，增强计划的可行性；坚持自下而上、自上而下相结合的工作方法，增强计划的科学性
2	要突出重点，主次分明	一段时间或一个时期要做的事情、要完成的任务、要实现的目标很多，中心工作是什么，重点任务是什么，先做什么，后做什么，必须有一个全面清醒的认识和周密的考虑。在制订计划时，要做到主次分明，轻重清楚，有先有后，有条不紊，否则，主次不分，轻重倒置，就会影响计划的顺利执行、目标的最终实现
3	表达要力求具体、明确	计划的目标要明确，措施要具体，步骤要清楚，这样才能有利于计划执行者明确工作的方向，也有利于计划的实施和督促检查。计划在写作时，一般不过多议论，不叙述过程，多用概述、说明等表达方式

📖 **范本**

小区年度社区文化活动计划

_____物业（____）物字第____号

前 言

____年，社区文化活动上半年部分活动侧重于文艺表演活动，下半年主要组织互动性较强的活动。参照上级公司上一年度社区文化活动，管理处于本年将组织元宵游园、体质测试、少儿夏令营、海岸沙滩活动、登山、HAPPY家庭节、元旦活动等一系列活动，开展关怀业主（用户）

生活与节日的特色活动，如"关注女性月""母亲节"等；计划成立社区足球、网球、摄影俱乐部，积极组织业主（用户）参与活动。搭建社区沟通的平台，深化与业主（用户）的良好关系，开展与业主（用户）的沟通与交流，促进小区内业主（用户）之间、业主（用户）与管理处工作人员之间的良好沟通与交流，使××小区成为一个高尚、文明、祥和的社区。

第一部分：年度社区文化工作目标

充分调动社区文化资源，开展社区间的文化交流活动，营造××小区独特的社区文化氛围，使××小区成为高尚社区文化品牌。

第二部分：年度社区文化活动工作计划

序号	计划项目	计划时间	备注
1	元宵游园活动	＿＿月＿＿日	猜谜、吃汤圆、小游戏等
2	女性活动月	＿＿月＿＿日	"魅力女人、美丽有约"送花活动；"魅力女人、美丽出行"一日游活动（待定）
3	业主（用户）体质测试	＿＿月	统一安排时间，体现关心自身健康、关爱家人
4	母亲节活动	＿＿月	赠送鲜花、贺卡等，结合配乐诗朗诵、海报宣传等手段，营造立体文化氛围
5	成立社区足球俱乐部	＿＿月	二期入伙期间现场招募、夏日缤纷FUN
6	成立社区摄影协会	＿＿月	组织外出采风（收费）、开展摄影知识讲座（免费）
7	登山活动	＿＿月	由管理处同意安排
8	成立社区网球俱乐部	＿＿月	可外请教练进行培训（收费）
9	海岸沙滩活动	＿＿月	沙滩活动（或海岸活动）
10	少儿夏令营	＿＿月	统一安排

续表

序号	计划项目	计划时间	备注
11	HAPPY家庭节	＿＿月	＿＿月中秋节活动，＿＿月社区网球比赛
12	成立老年俱乐部/重阳节登高活动	＿＿月	
13	第三届观鸟活动	＿＿月～＿＿月	鸟类知识讲座、组织前往××公园、××观鸟屋、生态公园等观鸟活动
14	元旦活动	＿＿月＿＿日	
15	社区文化年度回顾	＿＿月	

第三部分：年度社区文化宣传工作计划

序号	计划项目	计划时间	备注
1	安全防范知识宣传	＿＿月	
2	养犬法规宣传	＿＿月	
3	高空抛物宣传	＿＿月	
4	健康知识宣传	＿＿月	
5	装修常识宣传	＿＿月	
6	物业管理法规宣传	＿＿月	
7	消防知识宣传	＿＿月	
8	高空抛物宣传	＿＿月	
9	养犬法规宣传	＿＿月	
10	安全防范知识宣传	＿＿月	
11	小区公益宣传	＿＿月	
12	年度社区文化回顾	＿＿月	

＿＿＿＿＿＿物业管理有限公司

＿＿＿＿＿＿管理处

＿＿年＿＿月＿＿日

社区文化活动年度计划

活动项目	时间	实施部门	目的	备注
上门拜年活动	——月——日前	客户服务中心	感谢社区各兴趣班负责人对我管理处工作的支持与配合，致以节日问候	
春节整体气氛布置	——月——日前	客户服务中心	喜迎新春，增加社区节日气氛	
妇女节茶话会	——月——日	客户服务中心	庆祝妇女节的同时又通过茶话会加强社区文化小组成员的联系	
雷锋月植树节活动	——月上旬	客户服务中心	增强业主（用户）的环保意识，美化社区环境	
敬老慰问献爱心活动	——月中旬	客户服务中心	弘扬雷锋精神，关爱老人，奉献社会	
第四届篮球联赛	——月下旬	客户服务中心	为广大篮球爱好者打造一个互相交流、互相学习的平台	
成立象棋协会	——月中旬	客户服务中心	以球会友、互相提升，丰富业主（用户）生活	
更新公共宣传栏内容	——月中旬	客户服务中心	关心业主（用户）的生活起居，进行内容更换，以达到宣传效果	
第二届社区文化艺术节	——月	客户服务中心	丰富社区文化，彰显社区高品位的文化生活	
"六一儿童节"少儿活动	——月——日	客户服务中心	庆祝儿童节，营造快乐儿童节气氛	
端午节包粽子比赛	——月上旬	客户服务中心	庆祝端午节，活跃气氛	
更新公共宣传栏内容	——月	客户服务中心	消防知识宣传	
中秋联欢晚会	——月中旬	客户服务中心	活跃社区文化，喜迎中秋佳节，增加节日气氛	

续表

活动项目	时间	实施部门	目的	备注
举办国庆亲子同乐活动	国庆期间	客户服务中心	丰富幼儿活动，欢度国庆	
九九重阳老人座谈会	——月上旬	客户服务中心	为社区老年人提供一个互相交流、娱乐身心、增加邻里友好关系的契机	
开展小区义诊活动	——月下旬	客户服务中心	便民服务，提倡业主（用户）健康生活的理念，增加健康方面的知识	
协助安全护卫部举办消防演习及消防知识宣传活动	——月上旬	客户服务中心	提高社区商家、业主（用户）消防安全意识	
元旦布置及元旦活动	——月	客户服务中心	增加节日气氛	

第二节 方 案

一、方案的概念

方案是对未来要做的重要工作做了最佳安排，并具有较强的方向性、指导性粗线条的筹划，是应用写作的计划性文体之一，在现代领导科学中，为达到某一特定效果，要求决策助理人员高瞻远瞩，深思熟虑，进行周密思考，从不同角度设计出多种工作方案，供领导参考。

二、方案的特点

方案要把某项工作的工作内容、目标要求、实施的方法步骤以及领导保证、督促检查等各个环节都要做出具体明确的安排。要落实到工作分几个阶段、什么时间开展、什么人来负责、领导及监督如何保障等，都要做出具体明确的安排。

三、方案的结构

方案主要由标题、落款、正文几部分组成，如表5-7所示。

表5-7　方案的组成

序号	组成	具体说明
1	标题	方案的标题可分为全称式和简明式两种，而又以全称式居多。凡由单位、事由、文种三要素构成的为全称式；由事由、文种二要素构成的为简明式。
2	落款	方案既无须在标题中标明时间，又不完全是将生成时间放在文末，而大多是将其列在标题之下、正文之上的特定位置
3	正文	大都由以下两部分构成： 第一部分是导言或引语。引言要求简明扼要地交代预案或方案制订的目的、意义和依据，一般是以"为了……根据……特制订本方案"的惯常形式来表述的。这是方案、预案生成的基础，一定要有，否则，就失去了制订的意义和依据，就是盲目随意的，因而一定要抓住要害和实质将其简明扼要地表述清楚。 第二部分是方案的基本内容，这部分主要包括以下三个方面： （1）基本情况的交代。诸如重大活动的时间、地点、内容、方式、主题以及主办、协办单位等。其中，时间、地点、方式等应具体明确；"内容"要概括、精当；"主题"不等于标题，也不等于主要内容或活动本身，而是活动的目的、意义、价值的集中概括表述。如果是重要工作的方案，基本情况的交代也可以是工作的时限、范围、对象、内容和重点。总之，这部分内容一定要有，但又必须从实际需要出发而或多或少、或轻或重、或详或略地表述，切忌千篇一律。

续表

序号	组成	具体说明
3	正文	（2）对相关活动、相关工作按阶段或进程做具体的部署安排。这部分包括各阶段工作的内容、基本任务目标、主要措施手段、步骤作法、相应的安排和要求，包括人力、财力、物力的组织安排和部署等。从总体上说，也就是要写明在什么时间、多大范围内由哪些人做哪些工作，采取什么方式于何时做到何种程度。这是方案的核心内容所在，也是方案价值、功用的集中体现，是方案制订者素质、能力、水平的充分展示，要求既具体详尽又严密可行，使之既具可行性又便于操作，做到主次分明、张弛有度、得体自然，以求最大限度地确保工作或活动的顺利开展，促成方案目标的圆满实现。 （3）对相关问题的处理与解决办法。重大活动的开展，重要工作的推进，涉及的问题必然是多方面的，诸如组织领导、人员经费、财力物力的安排，有关矛盾和问题的解决等，都是不可避免而又至关重要的，虽然没有纳为主体内容，却是实现目标完成任务的基本前提和重要保障，务必将其处理、解决好。

📖 **范本**

"欢乐无限　精彩六一"欢乐儿童节活动方案

_____物业（____）物字第____号

一、活动目的

于六一国际儿童节之际，管理处携手××少儿英语中心，举办"欢乐无限　精彩六一"儿童节活动，丰富小区儿童的课余文化活动，打造和谐社区。

二、主办与协办方

主办方：管理处。

协办方：××少儿英语中心。

三、活动时间

____年____月____日上午___ : ____～____ : ____。

四、活动地点

_____小区广场内。

五、活动人员

幼儿组、少儿组。

六、活动内容

序号	项目	内容	负责人员	物料	备注
1	会前会+布场	活动前沟通+布场	全部		
2	家长签到	到场家长签到，发放气球等礼物			
3	开场	主持人介绍活动	李××	无线话筒____个	
4	活力舞蹈展示	带参加活动的孩子一起	杨××、张××、赵××	舞蹈光盘或U盘、音乐播放器____台、功放机、音响	
5	全家总动员	____次机会，由父亲或母亲运球排至篮筐前，（赛道内）孩子投球，进一个计____分	李××、张××	篮筐____个小球、收纳箱____个、运动音乐、赛道围挡、奖品	
6	彩虹绳活动	带参加活动的孩子一起（____遍）	张××、赵××	彩虹绳、音乐光盘或U盘	
7	幸运大抽奖	第一次（小奖）	李××	奖品____个	
8	英语互动游戏	公开课	彭××		
9	绘画大赛	少儿绘画涂鸦活动，并少儿英语讲座	李××、赵××	桌椅、白纸、画笔、奖品	

续表

序号	项目	内容	负责人员	物料	备注
10	泡泡	带参加活动的孩子一起	赵××	泡泡工具、音乐	
11	幸运大抽奖	第二次（大奖）	李××	奖品____个	
12	活动结束		李××		

七、物料准备

1.硬件设备：无线耳麦____个，无线话筒____个，音响、功放机、长条桌、音乐播放器。

2.宣传物料：展架____个，宣传单若干，写字板____个，笔____支。

3.活动物料：签单册____本，气球若干，音乐光盘或U盘，投篮框____个，小球____个，收纳箱____个，赛道围挡。

4.奖品准备：全家总动员奖品若干，绘画大赛奖品若干。

5.公开课物料：（略）。

_____物业管理有限公司

_____管理处

____年____月____日

小区新春布置方案

_____物业（____）物字第____号

春节俗称"年"，是我国最隆重、最热闹的一个传统节日，游人满街，花灯满城，热闹非凡，家家喜气洋洋，人人乐开怀。

××小区以中国传统的节目喜庆色彩红色、黄色为主要色调，以春节饰品元素中国结、红灯笼、如意结、金元宝、福字帖、剪纸、鞭炮、年画、对联等点缀各显眼处，象征福到、红红火火过新年，除旧迎新、迎喜接福、祈求丰年等寓意，为业主（用户）的生活环境送上一个喜庆的节日氛围。

一、台阶的布置

台阶是行人最为注意的地方，在视觉上应该重点突出，可以在栏杆上拉横幅一条，可写上"祝小区业主（用户）新年快乐　万事如意！"与大门的对联交相呼应。在墙壁上贴上大型福字背景喷绘，在两侧栏杆上以红色三角吊旗装饰。在台阶平地处放置彩虹门一座两边配以灯笼柱，有福气强大的美好寓意。

二、大门的布置

以象征喜庆和宝贵的红色和黄色彩绸扎成海浪，置于大门楣沿，中间配以直径1米的大灯笼，灯笼内安装灯泡，不仅可以起到照亮作用，更可以配合海浪达到气派、吸引业主（用户）的目的。在大门两侧放置八个灯笼柱，在大门两边柱子上垂下两个条幅对联，红底金黄勾的字，上述："一年四季春常在，万紫千红永开花"，横批"喜迎新春"，表达对业主（用户）的新年祝福。

三、树的布置

为枯树换新装：以小红色灯笼装饰小树，以金黄色的铝箔纸围绕较粗的树杆，为树木长上"果实"，在寒冷的冬天带来生气，象征丰收之意。

四、亭的布置

以红色塑料灯笼罩和红色福字剪纸等春节饰品装饰亭子周围，象征处处有福。

五、门的布置

在每个单元大门上贴上"福"字或送吉祥送祝福的贴纸，在大门楣沿上悬挂两个大的灯笼，此处意义在于进门有福。

六、楼梯口的布置

在每层楼每个单元的楼梯拐角处张贴福字贴纸，起迎福之意，层层有福，家家有福。

_____物业管理有限公司

_____管理处

____年___月___日

住宅小区消防应急处理预案

_____物业（____）物字第____号

为预防火灾事故的发生，或发生火灾后的火势扩大和蔓延，物业管理处（以下简称本物业）成立灭火应急组织机构，指挥部设在消防中控室。总指挥由本物业最高的负责人（物业管理处主任）负责。如果发生火灾，总指挥对火灾事故有直接指挥、下达命令、组织抢救的绝对权力。

一、火情报警

1.本物业内任何人员在任何区域发现烟火时，应立即使用最近处火灾报警按钮或用电话、对讲机向消防中控室报警（消防中控室电话：_____）。报警时要讲清楚起火的具体地点、燃烧物、火势大小、报警人的姓名、身份、所在部门和位置及是否有人员受伤。

2.发生初起火灾，发现人员应立即报消防中控室，然后采用就近的灭火器材进行扑救，并保护好现场。如火情不允许，组织好疏散，将人员及贵重物品转移到安全位置，帮助火灾现场的业主（用户）做好自救及撤离现场的准备。

3.发现火情时一定要镇定，迅速采取有效措施，绝对不能说不利于人员情绪稳定的话，如果火势较大，在做好上述第二点的同时，必须迅速报告本物业消防总指挥确认，消防总指挥确认后及时拨打119报警电话。

二、火情确认

1.消防中控室接到火灾报警信息后，应立即安排义务消防员（所有保安员均为义务消防队员）携带对讲机和必备的消防用品赶到现场，确认火情是否存在。确认火情后消防中控室应立即通知安全护卫部主管、客户服务中心主管和相关部门负责人赶到现场，成立灭火指挥组，同时安排义务消防员携带近处可取的灭火器材和可以利用的消防设施，赶到火灾现场，开始灭火。

2.确认火情时应注意：不要草率开门，先试一下门体、锁把，如无温度异常可开门观察；如温度较高，已可确认内有火情。此时如房间内有业主（用户），应先设法救人。如没有人，应做好灭火的一切准备后再开门扑救。开门时不要将脸正对开门处。

三、领导指挥机构

领导组织机构负责指挥灭火自救工作。领导组织机构成员：由物业管理处主任、各部门主管、安全护卫部主管（非办公时间为各部门当值最高行政负责人）等成员组成。其主要任务：

1.组织指挥救火，根据火情，决定是否向消防局"119"报警。

2.组织指挥救火，根据火情，决定是否关闭封锁小区、是否切断电源及液化石油气源。

3.根据火情决定是否发布疏散和撤离命令。

4.负责人员的疏散和救护、贵重物质的转移（条件允许的条件下）。

四、各部门应采取的相应行动

（一）安全护卫部

1.保安员携带对讲机迅速到现场接受消防总指挥的指令。

2.消防中控室操作人员坚守岗位，听从现场指挥的指令操作设备，并听从现场总指挥的指令适时开动紧急广播系统，通知业主（用户）疏散。通知的顺序为：发生火灾区域→可能受影响区域，并根据火势的严重情况按总指挥的指令向"119"报警。按指令将摄像探头切换至发生火灾的区域。

3.巡视保安员携带手电筒、对讲机及手提灭火器及相关消防应急设备迅速赶到火灾现场，按照火灾现场最高指挥人员的命令行动。

4.各道口值班保安员负责本物业辖区的各出入口、外围的保安坚守岗位维护秩序，防止此时有其他人员进入本物业管理区域的火灾现场，同时负责业主（用户）的疏导和解释工作。

5.外围保安员立即将停放在外围的车辆进行疏散，暂时将前来的车辆或人员引导到安全场地，劝阻疏散围观的人员。在必要时（报警后）接应专业消防队的到来。并为专业消防队指明室外结合器及消火栓的位置，配合专业消防队的工作。

（二）工程部

1.工程部主管接到火灾通知后迅速赶到现场接受总指挥的一切指令。

2.工程部各专业人员坚守工作岗位，做好各种工作及相关准备，接受指挥中心指令。

3.供配电工程师携带通信设备迅速赶到变配电室，按照总指挥的命令指挥变配电室值班人员操作供电设备并根据总指挥的命令进行其他应急工作。

4.给排水工程师携带通信设备迅速赶到消防水泵房，按照指挥中心的命令指挥消防、消火栓水泵操作，并根据总指挥的命令进行其他应急工作。

5.弱电工程师携带通信设备迅速赶到消防中控室，按照消防总指挥的命令保障消防联动系统正常运行。如遇故障，应立即采取补救措施，并随时协调中控室人员的工作，并根据总指挥的命令进行其他应急工作。

6.维修主管携带通信设备，负责组织工程部剩余人员，按照总指挥的命令检查其他消防设备的情况，如遇故障，应根据总指挥的命令采取补救措施，并按照总指挥的命令协助完成其他工作。

（三）客户服务中心

1.客户服务中心主管携带通信设备，迅速赶到火灾现场接受指令。

2.迅速准备好急救包并根据指令派人到疏散集合的安全地点对疏散业主（用户）的人数进行清点，并在有需要时（如有人受伤时）与医疗急救中心取得联系。

3.及时并准确地向指挥中心报告失火区域业主（用户）人数及火灾现场本物业管理区域内人数。指挥本物业人员到疏散通道引导业主（用户）疏散，并告之业主（用户）疏散集合地点并做好安慰和解释工作。

4.如是管理处办公室区域，要积极配合财务部、办公室有条不紊地整理账目、文件资料等、对该上锁的要锁好，须随身携带的装载好，做好疏散准备工作。

（四）义务消防队行动

1.火情确认后，各部门义务消防队员（主要为保安员）接到通知后应在第一时间赶到指定地点集合待命。

2.义务消防队长（安全护卫部主管）向队员简单介绍火情，分配任务。

3.义务消防队员携带灭火器材准备好后迅速赶赴火灾现场。

4.迅速派两名义务消防队员沿疏散楼梯小心上楼，观察情况，在安全的情况下，可使用消防梯、消防绳将灭火器材送到出事楼层，然后将消防梯、消防绳送底层，供义务消防队员备用。

5.迅速组织队员按救火程序实施灭火，并及时将灭火工作进展情况随时报告现场总指挥。

五、业主（用户）的疏散

根据火情确定是否需要全面疏散火灾现场及附近业主（用户）。疏散命令由总指挥下达。具体的实施办法如下：

1.中控室按照总指挥指令负责用紧急广播先通知着火地点的业主（用户）、或由现场人员逐户通知疏散。广播通知时严禁将紧急广播同时全部打开，必须是将通知范围控制在火灾区域或是火灾可能影响的区域。

2.客户服务中心负责引导业主（用户）疏散及把疏散下来的人员安排到安全地点，现场外人员或是准备进入火灾区域的人员由现场外围值班保安员和客户服务中心指定人员负责引导疏散。在引导疏散时要注意保持秩序，防止挤伤、踏伤等非事故引起的意外，并注意清点现场疏散的人数，防止遗漏。

六、与专业消防队员配合

如果已向公安消防"119"报警，各部门应密切配合专业消防队员，行动的具体办法如下：

1.各部门接到火情通知后，除按指定任务执行外，其他人均应岗位待命，等候指示。

2.安全护卫部负责维持辖区周围的秩序，根据情况疏导辖区内的车辆和人员及通道，以便公安消防队顺利到位。

3.客户服务中心派人到本物业外围主要路口引导公安消防队到达本物业区域的火灾现场。

4.工程部派人到本物业控制区，并视情况或按总指挥的命令断电、断气。

5.公安消防队到场后，现场总指挥要将指挥权交出，并主动介绍火灾情况及根据其要求组织所有人员协助做好疏散和扑救的工作。

七、善后处理工作

火灾扑灭后，要做好以下善后工作：

1.全面疏散后，各部门要清点自己人员和火灾现场受困人员人数，查看是否全部撤出危险区域。

2.客户服务中心视情况准备食品饮料，安排好疏散集合地点业主（用户）的临时生活，在必要时负责与医疗单位联系。

3.工程部在火灾扑灭后，负责与自来水公司、煤气公司、供电局等单位联系；及时恢复消防设备及其他设备的状况，将所有设施设备复位。

4.安全护卫部负责保护现场，并重新配备消防灭火器及损坏的相关设施。

5.保洁组应迅速清理保护范围以外的其他区域，尽快使其恢复正常。

6.火灾扑灭后，各相关人员按分工做好善后工作，除保护好火灾现场外，其他地方应尽快恢复原状，由安全护卫部负责写出事故报告上报，对火灾扑救工作进行总结，对扑救工作中表现突出的人员提出表扬。

_____物业管理有限公司

_____管理处

____年____月____日

消防演习方案

_____物业（____）物字第____号

一、演习目的

为认真做好_____小区____单元楼消防安全工作，切实履行消防工作职责，使小区全体员工增强消防安全意识，熟悉应急疏散途径，掌握消防设备使用方法，检查消防设施工作状况，提高全体员工紧急情况下处置火灾事故的能力。

二、参加演习人员

物业管理处各岗位责任人、全体员工。

三、发生火情地点

××单元楼×楼层×房间。

四、演习设置

已知条件下演习，事先告知演习范围内的参加人员、演习目的、演习内容、演习方法及注意事项。

五、消防演习组织机构

1.临时指挥小组：临时指挥小组由物业管理处主任、保安主管、工程部主管、客户服务中心主管以及其他相关人员组成。

2.人员疏散救护小组：发生火情时，人员疏散救护小组应遵循"先救人、后灭火，先隔离、后灭火"的工作原则，重点是疏散人员、抢救重要物资和维持秩序。

3.灭火小组：主要由保安人员组成，职责是使用消防设备灭火。

4.警戒引导小组：警戒组负责布置楼层内部及外围警戒，同时清除单元楼外围和内部的路障，保证消防通道畅通，疏散一切无关车辆和人员，引导消防车辆的出入。

5.通信指挥及设备启动小组：通信指挥及设备启动小组设在中控室，随时与其他各工作小组保持通信畅通。

六、演习所需消防器械及物品

灭火器、消防水带水枪、消防扳手、防火服、防烟面罩、电话、担架、湿毛巾、警戒线。

七、演习程序

课目一：紧急集合演习

演习目的：

消防控制室接到烟感报警，值班员工迅速通知就近巡逻人员前往报警地点查看情况，确认火情后迅速通知单元楼消防员紧急集合。

演习要求：

（1）集合速度要快速有序。

（2）院内消防队长统一指挥。

（3）队长根据火情情况迅速确定灭后方案。

（4）分工明确，按"先救人，后灭火，先隔离，后灭火"的原则。

课目二：通信联络演习

演习目的：

通信联络组由消防监控室人员组成，负责火灾报警、火场联络、通知报告相关领导部门及接应消防车演习。

演习要求：

（1）迅速拨打119报警，并通知相关责任部门。

（2）报警时必须说清报警单位及地址、着火物质、火势大小、报警人姓名电话、人员疏散情况

（3）迅速联系消防监控值班人员打开××排烟风机、送风机、消防水泵、消防广播。

（4）安排人员到指定地点接应消防车。

课目三：引导疏散演习

演习目的：

引导疏散组引导疏散火场内人员的安全疏散，抢救被困人员及重要物品演习。

演习要求：

（1）利用湿毛巾捂住口鼻俯身进入现场，迅速将火场人员和利用担架将被困人员通过消防标志和通过消防广播的指引下，从消防安全通道迅速疏散。

（2）同时迅速将重要物品救出火场。

课目四：灭火设备使用演习

演习目的：

通过演习，使全员掌握灭火设备使用方法。

演习要求：

（1）灭火小组迅速关闭防火隔离门，隔离火源。

（2）灭火小组利用灭火器和消火栓迅速灭火。

八、演习讲评

演习结束讲评，做好总结和记录。

_____物业管理有限公司

_____管理处

_____年_____月_____日

第三节 总 结

一、总结的概念

总结是国家机关、社会团体、企事业单位等通过对过去一阶段工作的回顾和分析评价，判明得失利弊，提高理性认识，用以指导今后工作的一种常用文书。

二、总结的特点

总结具有表5-8所示的特点。

表5-8 总结的特点

序号	特点	具体说明
1	理论性	总结所包含的内容应能提高认识、发扬成绩、吸取教训，更好地指导今后的实践活动
2	客观性	以客观事实为依据，不允许虚构和编造。要实事求是，有一说一
3	独特性	总结应该具有个性及独特性。即使是个人的总结也应年年不同，首先，形势不同；其次，对象不同；第三，内容不同。因此，总结要写出其独特性，而不要成为千篇一律的套话

三、总结的分类

按不同的分类标准，总结可分为不同的种类，如表5-9所示。

表5-9　总结的分类

序号	分类角度	具体分类
1	按性质划分	可以将总结分为综合总结和专题总结两种： （1）综合总结又称全面总结，它是对某一时期各项工作的全面回顾和检查，进而总结经验与教训 （2）专题总结是对某项工作或某方面问题进行专项总结，多以总结推广成功经验为主。总结也有各种别称，如自查性质的评估及汇报、回顾、小结等都具总结的性质
2	按内容划分	可以将总结分为工作总结、生产总结、学习总结、教学总结、会议总结等
3	按范围划分	可以将总结分为全国性总结、地区性总结、部门性总结、本单位总结、班组总结等
4	按时间划分	可以将总结分为月总结、季总结、年度总结、阶段性总结等

四、总结的结构

总结主要由标题、正文和落款几部分组成，如表5-10所示。

表5-10　总结的组成

序号	组成	具体说明
1	标题	标题主要有以下几种形式： （1）陈述式标题：即一般公文式标题，由"单位名称+时间+事由+文种"构成，如《××学院××年招生工作总结》。如果单位名称署于文末或标题下，时间概念也较明确，标题中就不再重复，如《招生工作总结》 （2）论断式标题：由正、副两个标题组成，正标题概括总结的内容或基本观点，副标题标明单位名称、内容范围、时间和文种 （3）概括式标题：根据内容概括出题目，类似一般文章标题的写法，如《抓好两个"发挥"深化农村教育综合改革》

续表

序号	组成	具体说明
2	正文	正文主要由前言、主体、结束语三部分构成： （1）前言。一般介绍工作背景、基本概况等，也可交代总结主旨并做出基本评价。开头力求简洁，开宗明义。主要有以下几种类型： ① 概述式，即概述介绍基本情况，简要交代工作背景、时间、地点和条件等 ② 提问式，即提出问题，点明总结的重点，引起人们注意 ③ 结论式，即先明确提出总结结论，使读者了解经验教训的核心所在的一种方式 ④ 对比式，即将前后情况进行对比，从而突出成绩 （2）主体。应包括主要工作内容、成绩及评价、经验和体会、问题或教训等。这些内容是总结的核心部分，可按照纵式或横式结构形式撰写。所谓纵式结构，即按主体内容纵向所做的工作、方法、成绩、经验、教训等逐层展开。所谓横式结构即按照材料的逻辑关系将其分成若干部分，标序加题，逐一写来 （3）结束语。作为结束语可以归纳呼应主题、指出努力方向、提出改进意见或表示决心信心等语作结，要求简短精练。结尾通常有这么几种写法： ① 对全文进行高度概括性的总评 ② 号召式 ③ 指出存在的问题，提出今后的努力方向
3	落款	落款即在正文的右下方写上单位名称，注明成文日期。如果在标题中已有单位名称的，也可以不再署名仅写明日期即可 如是报纸杂志或简报刊用的交流经验的专题总结，应在标题下方居中署名

五、总结的写作要求

总结的写作要求如表5-11所示。

表5-11　总结的写作要求

序号	写作要求	具体说明
1	要有实事求是的态度	工作总结中，常常出现两种倾向：一种是好大喜功，搞浮夸，只讲成绩，不谈问题；另一种是将总结写成了"检讨书"，把工作说成一无是处。这两种都不是实事求是的态度。总结的特点之一"回顾的理论性"，正是反映在如实地、一分为二地分析、评价自己的工作上，对成绩，不要夸大；对问题，不要轻描淡写
2	要写得有理论价值	一方面，要抓主要矛盾，无论谈成绩或谈存在问题，都不要面面俱到。另一方面，对主要矛盾要进行深入细致的分析，谈成绩要写清怎么做的，为什么这样做，效果如何，经验是什么；谈存在问题，要写清是什么问题，为什么会出现这种问题，其性质是什么，教训是什么。这样的总结，才能对前一段的工作有所反思，并由感性认识上升到理性认识
3	要用第一人称	即要从本单位、本部门的角度来撰写。表达方式以叙述、议论为主，说明为辅，可以夹叙夹议

■ 相关链接

工作总结与调查报告的异同

调查报告与工作总结的共同点是：都必须反映事物的基本面貌和发展过程，概括出规律性的东西，指导今后的实践；都必须运用典型材料说明观点，具有较强的客观性、针对性和指导性；都使用叙议结合的表达方式，叙述的要求和方法也相同。主要区别在于：

1.内容不同

调查报告往往专题性较强，强调突出重点，回答并解决一两个实际问题。而工作总结要求从全局出发，回顾过去，总结经验教训，找出差距，分析原因，提出改进措施，内容比较全面、系统。

2.范围不同

调查报告应用范围广,可以涉及现状、历史,反映社会现实,主要在于摸清情况、介绍经验、披露问题;总结只限于反映本单位、本部门已完成的工作、任务及其经验教训,着眼于指导自身今后的实践活动。

3.写作时限不同

调查报告不受具体的工作进程和时间的限制,可根据需要进行调查写作;总结则受工作进程和时间的限制,一般都是在工作、任务告一段落或全部完成之后写作。

4.使用人称不同

调查报告往往是上级机关或有关方面在选点进行调查研究的基础上写成的,一般用第三人称;总结大都是本单位、本部门人员写的,一般用第一人称。

■ 范本

消防演习总结报告

_____年_____月_____日,物业管理处在××单元楼举行了消防演习。通过演习达到了检验预案、检验设备、锻炼队伍、强化消防意识的目的,同时也发现了组织指挥程序、设备技术状况等方面存在的问题和不足。

现将有关情况报告如下:

一、基本情况

消防疏散演习于_____:_____正式开始,按预案在××单元楼_____层西侧模拟吹烟报警。

_____:_____消防中控室值班员到达现场确认火情,_____:_____义务消防队员持灭火器到达模拟火场，同时使用消防水枪、灭火器模拟灭火。

＿＿＿：＿＿＿管理处主任下达单元楼疏散命令。＿＿＿：＿＿＿单元楼全体人员和业主（用户）参加演习的人员按预定方案疏散至东侧停车场集合点，安全护卫部随后进行灭火器使用讲解及示范操作，部分业主（用户）也参与灭火器的实操活动。＿＿＿：＿＿＿演习结束。

演习当天，物业管理处在大堂设置了消防安全知识宣传站，滚动播放消防安全防范知识，免费发放消防安全知识宣传资料＿＿＿份。据统计此次参加演习的人员达＿＿＿人，动用水枪、水带＿＿＿套，消防ABC干粉灭火器＿＿＿具。管理处领导自始至终参加并指导了此次消防疏散演习。

二、主要收获体会

（一）领导重视

管理处主任和参加演习员工对此次消防演习非常重视。演习前管理处主任专门召集各部门主管会议，研究制订了消防演习预案，明确了各部门及参加演习员工的分工和责任。并将方案报送公司征询意见。

在此基础上，各部门又进行了补充动员，按实施程序细化每个环节和责任人的操作程序，使得各项准备工作在较短的时间内得到了落实，体现了全体员工的积极参与意识。

（二）准备工作较充分

按预定的方案，管理处提前四天向全体业主（用户）发出通知，告知演习活动的安排，制作了横幅、登记表格、疏散标志等。安全护卫部、工程部配合对电梯紧急迫降首层进行了试验和预演，安全护卫部组织人员在夜间对消防疏散警铃、广播系统进行试验，对正压送风机和排烟风机进行了检查和试验，保证了演习时消防设备的正常运行。

（三）员工和业主（用户）参与意识明显增强

演习期间单元楼管理处员工无一人请假，有的员工放弃了休息时间，专程赶到单元楼参加演习。单元楼的广大业主（用户）参与意识也有所增强，不怕天气寒冷，按要求在疏散集合点签到。

三、存在的主要问题及应对措施

（一）组织指挥程序不够严谨、规范

火灾报警处理、疏散指挥引导的指挥口令、集合点参演人员的管理环节不够严谨，直接参加模拟灭火的气氛不够浓重。

（二）义务消防队员专业技能不高

灭火器的使用、消防水带抛洒动作不规范，情况报告内容口令错误。

（三）消防设备存在一定的质量问题

广播系统存在噪声、声音不清晰、音量较小等问题，给火灾情况下的真实广播带来隐患。此次使用的对讲机也由于建筑物屏蔽、设备老化等原因致使信号无法接收或接收质量较差。

对以上存在的问题，管理处安全护卫部门要认真进行总结和研究，制订完善的演练方案，近期组织保安人员进行消防单项技能培训，协调工程部技术人员和××消防公司对消防设备进行系统检测和联动试验，并对存在的故障的设备进行维修、更新，确保单元楼的消防安全。

＿＿＿＿＿物业管理有限公司

＿＿＿＿＿管理处

＿＿年＿＿月＿＿日

20××年年终总结

20××年，在集团的直接领导和大力支持下，我公司围绕"依托××、开拓发展、做大做强"的发展思路，创新工作模式，强化内部管理，外树公司形象，努力适应新形势下对物业管理工作的发展要求，在强调"服务上层次、管理上台阶"的基础上，通过全体员工的共同努力，较好地完成了全年各项工作任务。截至12月底，我公司共实现收入×××万，总体实现收支平衡并略有盈余，基本走上了自主经营的发展轨道。现将我公司20××年主要工作总结如下：

一、全力配合集团地产开发，小区管理品质不断提升

今年，为了配合集团的物业发展，公司调整了发展战略，奉行"先品牌、后规模""把工作重心放在改进集团开发物业的服务品质"的思路，适度放慢对外拓展速度，集中优势资源确保为集团开发的精品楼盘提供配套的精品物业服务。为此，公司进行了一系列的调整：首先强化了领导分工，由总经理直接分管、各副总协助参与集团开发物业的管理服务工作，并专门设立了周工作例会制度，缩短发现问题和解决问题的周期；优化人力资源配置，调换部分管理处负责人；收支实行"取之于集团物业，用之于集团物业"的政策，作为整体不提利润要求。同时，重点抓好以下几方面工作：

第一，抓好制度建设。制定"封闭式管理规范标准"，以集团开发物业小区为试点，并向各小区全面推广封闭式管理；加强对各小区的安全评估，对小区内易攀爬部位实施安全防范，采取各项防攀爬措施；实行管理处主任→安全主管→分队长的安全管理组织架构，安全总监→安全管理部→安全主管垂直领导，通过测评考核确定安全主管人选34人；通过理论考核和现场实操，从114名保安骨干中确定分队长人选76人；根据工作岗位的变化，合理调整，分流保安骨干18人，为安全管理工作迈上新台阶打下了坚实的基础。

第二，调整保安人员培训重点，强调保安的敬业精神和纪律性，以及对值班时各类事件的处理规范，特别是外来人员车辆管理及各种异常情况的处理办法。全年保安人员培训时间达126小时/人。

第三，加强对保安人员工作和生活情况的关心。对保安人员工资进行了大幅度的调整，解决了保安人员的社会保险问题，平均增幅达200元/(人·月)；同时投入20余万元资金，完善保安人员宿舍物品的配置工作；开设公司职工食堂，解决员工的吃饭问题；配置了××期刊、××物业报、××

保安园地等报纸杂志，极大地丰富了保安人员的业余生活。

第四，严肃纪律和检查处罚。坚决执行请销假制度，防止私自外出。实行严格的查岗查哨和晚点名制度，加大检查督导的力度，查处睡岗26人，脱岗13人，其他违纪31人。增大处罚力度，受处罚70人次。

今年，公司全面强化"以业主为中心"的服务意识，率先在业内提出并推行"7×24"服务模式，力求最大限度地满足业主需求。推出入户维修免费服务，集团开发物业全年上门维修4107次，得到业主的好评，大大提高了业主对小区服务的满意程度。公司全年组织了15次有关职业技能和行为规范的培训，共28项内容，培训课时长达56小时/人。

据集团公司三季度对开发物业进行的调查，业主对我们维修服务的满意程度达到了100%。

在销售配合方面，筹备成立上海、武汉分公司和深圳管理部，克服非典困难及异地资源短缺问题，全力投入深圳××、××小镇和国际花园、上海××和××等项目的前期介入和销售配合工作，全面展示××物业管理的良好形象，满足集团地产销售配合工作的需要。

今年，针对××小镇存在的问题，公司先后从深圳总部抽调2名工程师、2名客服主管、15名维修人员及2名客服人员充实到管理处，给予人力上的支持。同时派出客服人员参与和组建应急维修队，在地产客服中心的统一调度下协调工作，全力参与地产维修整改工作，使小区工作各项管理步入正轨。海景方面，积极配合地产公司做好业户走访工作，"黄牌"数量从高峰时期的130户270块，减少到目前的2块（字朝里放置于阳台内），最大限度地降低了在社会上形成的负面影响，减弱和抑制了对××湾的销售工作产生的不良影响，有力地配合了地产公司的品牌策划和销售工作。××湾方面，面对销售、入伙、装修、业主生活同时并存的环境条件，公司全力以赴提供一流的销售现场管理、入伙前与业主的主动沟通及规范的入伙手续办理、服务导向的装修管理，尤其是超前做好复杂环境下的封闭式管理和快速反应的维修服务，使已入伙业主的生活成为潜在客户看得见、摸得着、信得过的促销样板，使得××湾在5月份便基本完成了全年的销售任务。

今年以来，××园、××小区等6个小区先后成立了业主业委会，完成××湾、××花园、××翠园等9个管理处物业管理合同的续签工作。××海景顺利通过安全文明小区的复检工作；××湾、××世界、××新城小区通过了市级安全文明标兵小区的考评；××世界通过深圳市物业管理示范小区考评；××花园通过广东省物业管理示范小区考评；公司通过质量体系认证复审，同时被××办评为环卫工作标兵单位。太阳新城、××花园两个小区清洁工作实施外包；××居、××翠园消防系统进行了外包。××花园电梯签订了外包协议。为公司相关外包工作进行了有利的尝试。

二、品牌宣传效应显现

今年，为配合公司市场营销工作，公司切实加大了品牌宣传。根据"管理项目树品牌，顾问项目创效益"的思路，以开发商、中介公司和物业管理同行为重点宣传对象，一方面打造精品小区，通过让客户参观小区以及接受业务培训等方式，亲身感受××物业的管理，达到业务拓展的目的。仅××花园，全年共接待公司、地产、集团、置业的参观超过一百批次，参观人数近千人次。同时接待了来自西安、桂林、洛阳、南京、武汉、石堰等全国各地顾问单位物业公司人员的实习。

三、市场拓展频创佳绩

20××年，在抓好集团开发物业管理品质提升的同时，我们还按照集团领导的要求，丰富公司的物业管理类型，延伸产品线。自去年实现写字楼顾问管理市场突破后，今年再接再厉，取得了写字楼（××大厦）、酒店式公寓（××公寓）、学生类公寓（××学府大道××号）以及中心区顶级豪宅（××）等业务的拓展，尤其是××大厦与××公寓的接管，使该业务市场实现了零的突破，标志着公司产品结构开始进入真正意义上的调整。

今年，公司以品牌求发展，将精力投入到中高档市场的开拓上，注重项目的投入产出，理性选择合作伙伴，全年新签22个项目，其中：全委项目6个，顾问项目16个。新拓展项目的管理面积243万平方米，其中：全委项目64.2万平方米，顾问项目178.8万平方米。目前，公司共接管项目118个，其中：全委项目34个、顾问项目84个。管理总面积1648.6万平方米，其中：全委项目389.4万平方米，顾问项目1259.2万平方米。

至此，公司管理项目已发展到全国31个城市，其中今年新拓展城市8个，分别为洛阳、厦门、佛山、宜兴、烟台、潍坊、海口、镇江。

四、管理工作改进明显

进一步强化清单式管理，推行月度工作计划考核网上填报和考核，网上工作日记填报、顾问项目管理信息填报等，规范和提升了管理的力度和效率。

完善顾问运作工作指引，强化前方项目经理及后方专家顾问团的运作，保障并进一步提升项目管理品质。

积极搭建××物业管理网上办公平台，先后开发包括计划考核、项目管理、物流管理、人力资源等在内的十余个模块，为公司办公信息化建设奠定了坚实的基础，提升了公司形象和管理效率。

加强分支机构财务核算、稽核、审计管理力度，建立了公司经济效益测算模式、对分支机构业务管理及指导的体系，改变了财务部原先简单的核算职能，确立了财务管理在日常工作中的作用和地位。

伴随着品质管理体系的健全完善、作业操作文件体系的修订、品质检查方法的改进以及质量问题的整改跟踪督导，逐步形成兼顾、覆盖各地管理的管理体系建设。

完成会所移交工作，改进会所经营管理，有效地改变各会所长期亏损的局面，逐步形成良性运作。

安全管理工作的改进提高、保安人才的建设、小区封闭式管理的实施、安全管理垂直管理模式的探讨和尝试以及保安人员社保、工资改革、居住伙食条件的改善，推动了安全管理的有效实施。

小区设备管理模式的探讨和实施以及工程部在业务管理地位的明确，强化了各小区的设备日常维护工作，改善了设备运行效果。

狠抓制度执行落实，通过月度工作计划和考核、工作日记、着装、劳动纪律等的检查，确保公司各项制度得以执行。

强化了分公司基础管理工作，对区域运作模式进行了总结。

五、人才队伍建设效果显著

今年以来，公司就人才引进的渠道和方式进行了探讨。人员招聘组织和管理方法的改进，为公司在人才引进特别是高素质人才引进方面奠定了基础。一方面立足业绩考核和能力评估，不拘一格，积极选拔内部人才，共晋职晋级169人。另一方面大胆引进外部人才，通过参加现场招聘会、网络发布招聘信息等手段，共招聘管理层员工96人，其中本科以上占31.2%，包括硕士生1人，本科生29人；主办以上占48%，其中主管11人，主办35人。同时加大对项目管理人才和保安骨干的招聘力度，共招聘项目管理人员24人，保安骨干20人。

推进保安招聘与基地化建设。通过多种渠道与多个学校、人才市场建立了长期合作关系，进一步完善保安的基地化建设，共招聘518余名保安人员。

在公司内部推行三级培训管理，公司级培训共计16次；职能部门组织对口培训共计24次；部门内培训约计774次。管理员培训时间达121.5

小时/人，保安人员培训时间达126小时/人。

六、反思与展望

各位领导、全体同事，××年工作改进业绩让我们坚定了发展的信心，我们也清醒地知道，成绩是在集团领导正确领导下，全体员工努力拼搏的成果。与××年相比，我们在业务类型、盈利能力、企业规范建设、基础管理、人才引进等方面取得了一定的成效，但我们仍然存在很多的问题和不足：××物业管理品牌品质与集团地产的精品要求有差距；在行业中的领先地位、优势不是很明显；基础工作仍然不够规范、扎实；管理执行力与目标要求的差距较大；跨地区的业务管理能力较弱；人才队伍建设不能满足发展的要求等。这些都是公司发展面临的亟待解决的问题，也是今年公司改进工作的重点。

我们在过去取得了一些成绩，但离我们的目标还有很大差距。××年，我们还有很多事情要做，我们的工作还需要不断地改进：公司住宅小区的物业管理，除了继续做好封闭式管理，今年还将全面推行定岗定编和小区开支预算分类分级管理；改进配套的物资配送和财务报销程序；顾问管理要大力推进在线式顾问工作平台建设，完善和改进顾问项目的作业流程，建立科学的运作体系，通过任职资格认证、在岗培训，通过顾问工作指引、项目任务书、顾问报告专家组，提高顾问项目品质受控性；市场拓展要强化甲方意识，建立起市场拓展模板和潜在客户档案；加强人员素质提升，大力加强员工专业能力培训，培养本地人才，引进专业人才，尤其是引进拥有丰富物业管理经验的骨干成员，强化终端管理能力；推动计划考核体系的调整完善，使工作计划与岗位职责结合起来；品质管理要抓好文字规范和行为规范，通过流程规范去实现品质与成本目标；加强分公司基础管理，强化职能部门对分公司工作的指导与支持等。

根据公司所处发展阶段特点和建设改进型企业的要求，我们将××年确定为"纪律年"，并提出了"以纪律提高效率"的口号，要求各个部门、各位员工必须不折不扣地执行公司的制度、计划与决策，严明纪律，提高公司整体工作效率和协作效率。今天我们将在此与各部门签订××年工作目标责任书，也是出于加快工作节奏，提高工作效率的考虑。在座的各位都是××物业的管理人员，是推动公司发展的原始动力，希望大家常怀危机感、紧迫感，适应公司发展、改进的需要。

各位领导、各位同事，××年是集团快速发展、硕果累累的一年，无论是经营效益还是企业品牌，都得到社会、市场和客户的一致认可，集团领导也因为他们卓越的贡献得到社会的高度评价。在××年由建设部科学技术委员会、中国房地产与住宅研究会、中国房地产业协会城市开发专业委员会联手推出的中国房地产推动力人物年度榜中，集团××董事长被推为"中国房地产十佳产业推动人物"，××总裁位居"中国房地产十佳品牌人物"榜首，××副总裁则以其在上海地产界的出色表现而成为"中国房地产十佳创新人物"。作为××公司的员工，我们深感自豪和充满信心，当然我们也倍感压力，那就是集团快速发展对物业公司发展的要求以及集团地产品牌对物业管理服务品牌的品质要求。

各位同事，在新的目标、新的任务、新的挑战下，面对机遇和挑战，我们有理由相信在集团公司的支持、关爱、帮助下，通过全体员工的精诚努力、协同奋进、开拓进取，××物业管理未来发展前程似锦。在跟随集团公司发展的同时××物业管理公司以及公司全体员工将得到更大的发展，实现公司和员工价值的最大化，实现公司经济和员工事业的持续发展。

××物业管理公司

××年××月××日

第二部分
Part two

物业管理与服务
常用表格

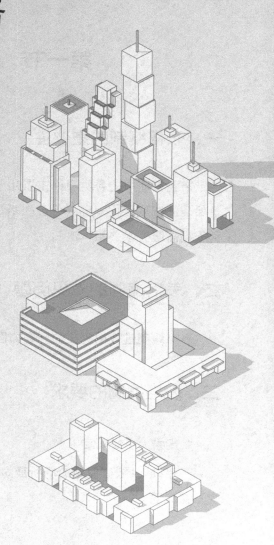

第六章 表格的编制与管理

表格是物业管理工作的记录者，做好表格编制与管理，编制出最合适的表格有利于对物业管理工作内容进行准确记录，从而推动物业管理工作顺利进行。

第一节 表格的编制

一、表格编制的重要性

物业管理中的各类表格主要用于记载管理工作过程，是物业管理企业质量保证的客观依据。同时各类表格也能为采取纠正和预防措施提供依据，有利于提高服务水平和可追溯性。

二、表格编制的常见问题

表格编制过程中常见的问题如图6-1所示。

三、表格编制的要求

1. 规格大小的确定

一般以A4纸被使用的场所最为广泛，其次是A3。至于涉及图纸的绘制，则不在此限。

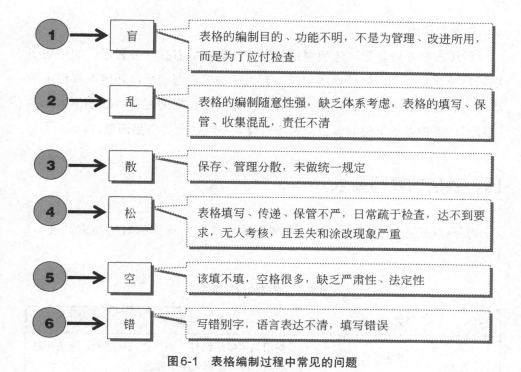

图6-1　表格编制过程中常见的问题

2.表头设置

"表头"就是表格的"名称"。表头要切合实际，符合企业内部通则性。如在巡查登记时，应用的记录表可称为"巡查登记表"；在处理客人投诉时，应用的记录表可称为"客户投诉处理表"。

3.内容项目

一般内容项目的设立，应针对"表头名称"所划定的应用场所、目的，将最主要想获得的资料优先列出，再将可一同列入的次要项目列出，最后是参考项目。

4.签名与日期

在设计管理表格时，必须将"制作""审查""批准"等栏位，一同考虑并加以设定。

5.其他事项

管理表格在设计后，还须考虑是否有其他功能需要一并显示，如采用多联式，应显示每联所应分发的单位；若为单联式管理表格，如需要将记录所填写内容通知相关单位时，则可再设计"分发单位"的栏位，以便填表人在完成后，可视通知单位的多少分别予以填入，经批准后再复印分发。

四、表格的填写要求

要确保表格具有可追溯性，必须正确地填写，具体的填写要求如表6-1所示。

表6-1　表格的填写要求

序号	填写要求	说明
1	用笔要求	表格用笔可以用钢笔、圆珠笔或签字笔，不应用红笔，这些笔应确保记录永不褪色
2	记录的原始性	就是当天的运作当天记，当周的活动当周记。做到及时和真实，不允许添加水分，使记录真实可靠
3	清晰准确	语言和用字都要清晰准确，自己能看清楚，别人也能看清楚
4	笔误的处理	在填写记录出现笔误后，不要在笔误处乱写乱画，甚至涂成黑色或用修整液加以掩盖，正确的处理笔误的方法，是在笔误的文字或数据上，用原使用的笔墨画一横线，再在笔误处的上行间或下行间填上正确的文字和数值
5	空白栏目不能不填	填写的方法是在空白的适中位置画一横线，表示记录者已经关注到这一栏目，只是无内容可填，就以一横线代之，如果纵向有几行均无内容填写，亦可用一斜线代之

第二节 表格的日常管理

一、统一标志

表格应具有唯一性标志，以便归档和检索。标志的内容应包括：表格所属的文件编号、版本号、表号、页号。没有标志或不符合标志要求的记录表格是无效的表格。

二、妥善保管

表格应当按照档案要求立卷储存和保管。

1.纸质表格的保管

纸质表格的保管由专人或专门的主管部门负责，应建立必要的保管制度，保管方式应便于检索和存取，保管环境应适宜可靠，干燥、通风，并有必要的架、箱，应做到防潮、防火、防蛀，防止损坏、变质和丢失。

2.电子表格的保管

对于重要性的表格文件，可将其内容做成电子文档，分门别类地进行保管。

三、便于检索

一项管理活动往往涉及多项表格，为了避免漏项，应当对表格进行编目，以便于检索。

四、定期处置

　　超过规定保存期限的表格，应统一进行处理，重要的含有保密内容的表格须保留销毁记录。

第七章 物业客户服务常用表格

物业客服人员要学会使用各类表格，做好各项客服工作的记录，以便对客服工作以往的内容进行追溯和查询。

第一节 客户服务可追溯记录

一、客服管理的内容

客服管理的内容包括接待工作、处理投诉等。这些工作都需要做好记录，同时根据记录的不同内容，使用不同的表格。客服管理的内容如表7-1所示。

表7-1 客服管理的内容

序号	内容	详细说明
1	接待工作	（1）接受业主（用户）的日常咨询、报修等工作，并负责通知相关部门处理 （2）负责客服热线答复各种询问，接待来访业主（用户）
2	处理投诉	处理业主（用户）投诉，并及时反馈，告知解决方案
3	协调工作	协调与上级单位、行政主管部门、管理处内部各部门、业主（用户）的关系
4	监督管理	（1）负责各种管理工作的检查、督促 （2）外包工程项目（清洁、消杀、绿化、电梯等）的检查监管
5	档案资料管理	（1）业主（用户）的各种档案（资料、装修资料）管理 （2）各种家访、回访、统计资料管理 （3）物业管理处各类管理文件的整理 （4）各种文件、通知的起草、印发等工作

续表

序号	内容	详细说明
6	装修管理	（1）装修手续的办理 （2）装修工作的验收
7	社区文化活动	（1）组织各类社区文化活动，制订各类活动方案 （2）对活动做好总结

二、档案资料管理记录

档案资料管理记录内容如下：

（1）记录的对象姓名，如业主、租住人员等。

（2）房屋地址、门牌号。

（3）身份证地址及号码。

（4）联系方式。

（5）入住日期。

（6）建档日期。

三、装修管理记录

装修管理记录内容如下：

（1）装修申请信息，如申请者的姓名、住址等。

（2）装修单位信息，如公司名、办公地点、规模等。

（3）装修收费信息，如收费项目、收费标准等。

（4）装修检验信息，如违规情况、违规金额等。

四、投诉处理记录

投诉处理记录内容如下：

（1）投诉登记信息，如投诉人、联系电话、投诉内容等。

（2）投诉处理信息，如投诉处理措施、处理时间、处理结果、投诉人回馈意见等。

（3）投诉统计信息，如本月次数、上月次数、增减次数、升降比例、投诉分析等。

五、社区文化活动记录

社区文化活动记录内容如下：

（1）社区文化活动审批信息，如活动方案、经费来源、审批人、审批时间等。

（2）社区文化活动过程信息，如活动时间、地点、参与人员、活动效果等。

第二节　客户服务常用表格范本

一、客户服务中心工作交接表

客户服务中心工作交接表

文件编号：　　　　　　　　　　　　　　　　　　　　　　版次：A/0

日期	交班人	接班人	交接班内容摘要	处理情况	备注

拟制：　　　　　　　　　审核：　　　　　　　　　批准：

二、与业主（住户）沟通登记表

与业主（住户）沟通登记表

文件编号：   版次：A/0

日期	业主（住户）基本信息	沟通内容	沟通方式	事项性质	沟通结果	沟通负责人员签名

备注：

　1.业主（住户）基本信息为姓名、住址等。沟通方式填写或登记为来访、电话、传真、信件、网络及其他。

　2.事件性质为报修、求助、建议、问询、质疑、投诉及其他。对有相关表格支撑的内容，在本记录上可以简略登记，主要内容在相关表格上登记。

拟制：   审核：   批准：

三、业主（住户）请修登记表

业主（住户）请修登记表

文件编号：   版次：A/0

日期	受理时间	业主（住户）姓名、联系电话及地址	请修内容	预约时间	流程单号	完成时间	维修结果	回访时间	回访结果

拟制：   审核：   批准：

四、业主（住户）请修流程单

业主（住户）请修流程单

文件编号：_____ 版次：A/0

___年___月___日

客户服务中心填写	业主（住户）姓名		维修地址		联系电话	
	维修内容	预约时间		预约费用（元）： 是否含材料费用 □是 □否		
工程部填写	派工人员			维修材料	数量	单价	小计
	作业人员						
	到达维修处时间						
	完工时间						
业主（住户）填写	维修评价	质量：□满意 □一般 □差 及时：□满意 □一般 □差 收费：□满意 □一般 □差
	付款方式	金额为_____元 □现金 收据单号：_____（号码由客户服务中心填写） □签单 兹同意物业管理处在本人银行账户中扣除维修费。

拟制： 审核： 批准：

五、业主（用户）搬出/入登记表

业主（用户）搬出/入登记表

文件编号：   版次：A/0

姓名	业主（用户）住址	搬运日期	搬运人姓名	搬运人证件号	搬运人联系电话	有无欠费情况	放行条号

拟制：   审核：   批准：

六、门禁卡领取登记表

门禁卡领取登记表

文件编号：   版次：A/0

房间号	业主（用户）姓名	门禁卡号	业主（用户）签名	领取日期

拟制：   审核：   批准：

七、专用货梯使用申请表

专用货梯使用申请表

文件编号： 版次：A/0

申请人		身份证号码		联系电话	
房号					
申请日期			使用地点		
使用时间					
运送情况		□搬入 □搬出		公司盖章	
运送物品名称					
电梯使用批条					
批准使用电梯编号			交接地点		
批准人		批准时间			
批准意见					
控梯员		实际使用时间			

拟制： 审核： 批准：

八、失物认领表

失物认领表

文件编号：   版次：A/0

失主姓名		房号	
联系电话			
失物名称			
遗失地点		遗失日期及时间	
身份证明类别		证件号码	
失物描述：			
失主签收		客户服务中心经办人	
日期		日期	

拟制：   审核：   批准：

九、失物移交记录表

失物移交记录表

文件编号：   版次：A/0

拾遗人姓名		联系电话	
物品名称		拾遗日期	
移交人		移交日期	
接收人		接收日期	

拟制：   审核：   批准：

十、业主（用户）信息统计表

业主（用户）信息统计表

文件编号：   版次：A/0

序号	业主（用户）姓名	联系方式	房屋地址	楼栋号	占地面积（平方米）	建筑面积（平方米）	备注

拟制：   审核：   批准：

十一、租住人员信息统计表

租住人员信息统计表

文件编号：   版次：A/0

房号	业主联系方式	租住人姓名	身份证地址及号码	联系方式	入住日期	租住期限	备注

拟制：   审核：   批准：

十二、产权清册

产权清册

文件编号：   版次：A/0

序号	产权人姓名	地址	房屋类型	建筑面积（平方米）	使用情况		附属设施情况	车位租用情况	非机动车库使用情况
					入伙日期	正式入住日期			

拟制：   审核：   批准：

十三、房屋装修申请表

房屋装修申请表

文件编号：   版次：A/0

业主（用户）资料	姓名		电话	
	地址			
装修公司资料	公司名称		注册地址	
	法人代表		电话	
	工地负责人		电话	
装修项目				
主要材料				
装修时间				
审批意见			批准人：___年___月___日	
验收意见			验收人：___年___月___日	

拟制：   审核：   批准：

十四、装修施工人员登记表

装修施工人员登记表

文件编号： 版次：A/0

___年___月___日

业主（用户）姓名		地址				电话		
施工单位名称				注册地址				
经营范围				企业资质				
法人代表		电话		工地负责人		电话		
装修项目				施工时间				
主要材料								
主要施工机具								
人员登记								
工种	姓名	性别	年龄	籍贯	身份证号	出入证办理日期		出入证编号

工本费共计（大写）：

拟制：　　　　　　审核：　　　　　　批准：

十五、装修期间收费明细表

装修期间收费明细表

文件编号： 版次：A/0

___年___月___日

收费项目	收费标准	收费明细
1.装修押金	___元	
2.装修垃圾清运费	___元/平方米（建筑面积）	
3.施工证工本费	___元/张	
4.施工证押金	___元/张	
5.临时用电费用	___元/度电	
6.临时装潢用水	___元/立方米	

拟制： 审核： 批准：

十六、装修进场开工核验单

装修进场开工核验单

文件编号： 版次：A/0

___年___月___日

业主（用户）		住址		联系电话	
装修施工单位		现场负责人		联系电话	
装修单元			装修开工日期		
核验内容	签署核验意见				
应收管理费款项	□已收　□未收　□其他_____（客户服务中心）				
消防部门审批完备	□已批　□未批　□其他_____（安全护卫部）				
质检部门报批完备	□已报　□未报　□其他_____（工程部）				

续表

装修图纸审核完备	□已审　□未审　□其他＿＿＿＿＿（工程部）		
装修管理手续完备	□已办　□未办　□其他＿＿＿＿＿（客户服务中心）		
审批意见			
物业管理处主任	工程部主管		客户服务中心主管

拟制：　　　　　　　　　　审核：　　　　　　　　　　批准：

十七、室内装修检查表

室内装修检查表

文件编号：　　　　　　　　　　　　　　　　　　　　　版次：A/0

＿＿年＿＿月＿＿日

房号		业主（用户）姓名		联系电话	
装修公司		法人代表			
装修负责人		联系电话			
序号	违规情况	发现违规画√		违规处罚金额（元）	
1	施工人员出入小区不佩戴出入证				
2	施工现场未配备应有消防器材				
3	使用化学药水气味影响周围用户				
4	装修粉层影响周围用户				
5	不按规定清运淤泥				
6	装修人员在现场抽烟				
7	违规使用电梯				
8	装修噪声影响周围用户				
9	在洗手间乱倒污染物				
10	现场未封闭空调				

11	开门施工影响周围用户		
12	盗用电力		
13	损坏小区设施		
14	盗用小区物品		
15	超越物业管理处批准的权限进行装修		

拟制：　　　　　　　　　审核：　　　　　　　　　批准：

十八、装修完工检查验收表

装修完工检查验收表

文件编号：　　　　　　　　　　　　　　　　　　　　　版次：A/0

装修地点		开工日期		完工日期	
业主（用户）姓名		单元号		房号	
施工单位				联系电话	
装修面积				验收日期	
申请装修内容		（包括装修项目、范围、标准、时间等）			
验收内容	验收结果	整改内容	验收内容	验收结果	整改内容
结构			公共区域/外立面		
消防			门/窗		
电气			茶水间		
电梯			其他		
隔墙					
工期执行情况					
		填报人签名：＿＿＿年＿＿＿月＿＿＿日			
质量验收情况					
		填报人签名：＿＿＿年＿＿＿月＿＿＿日			

施工队名称		施工队预付押金		业主（用户）装修押金	
物业管理处验收意见					

拟制： 审核： 批准：

十九、业主（用户）投诉登记表

业主（用户）投诉登记表

文件编号： 版次：A/0

___年___月___日

序号	时间	投诉人	联系电话	投诉内容	受理人	备注

拟制： 审核： 批准：

二十、业主（用户）投诉处理表

业主（用户）投诉处理表

文件编号： 版次：A/0

___年___月___日

投诉人姓名		联系电话	
投诉时间		处理起止时间	

续表

投诉内容	
处理措施	
处理结果	
投诉人回馈意见	
备注	

拟制：   审核：   批准：

二十一、月度投诉统计分析表

月度投诉统计分析表

文件编号：   版次：A/0

___年___月___日

被投诉部门							合计
本月次数							
上月次数							
增减次数							
升降比例							
投诉分析	客户服务中心主管（签名）：						

拟制：   审核：   批准：

二十二、投诉回访登记表

投诉回访登记表

文件编号：　　　　　　　　　　　　　　　　　　　　　　　版次：A/0

序号	回访表格编号	回访日期	业主（用户）房号	业主（用户）姓名	回访事项	回访人	回访结果	备注

拟制：　　　　　　　　　　审核：　　　　　　　　　　批准：

二十三、社区文化活动方案审批表

社区文化活动方案审批表

文件编号：　　　　　　　　　　　　　　　　　　　　　　　版次：A/0

策划部门		策划负责人		经费来源	
活动内容、计划及经费估算：（可附页）					
客户服务中心主管意见			签名：＿＿＿年＿＿月＿＿日		
工程部主管意见			签名：＿＿＿年＿＿月＿＿日		
物业管理处主任意见			签名：＿＿＿年＿＿月＿＿日		

拟制：　　　　　　　　　　审核：　　　　　　　　　　批准：

二十四、社区文化活动场所使用申请表

社区文化活动场所使用申请表

文件编号：   版次：A/0

活动名称				
活动时间			活动地点	
组织人员				
参加人员				
申请要求			申请人：＿＿＿年＿＿＿月＿＿＿日	
审批意见			签名：＿＿＿年＿＿＿月＿＿＿日	
备注				

拟制：   审核：   批准：

二十五、社区文化积极分子名单

社区文化积极分子名单

文件编号：   版次：A/0

序号	姓名	爱好或特长	房号	联系电话	备注

拟制：   审核：   批准：

二十六、社区文化活动记录表

社区文化活动记录表

文件编号：　　　　　　　　　　　　　　　　　　　　　　　　版次：A/0

活动名称		活动地点	
活动时间		组织单位/人	
参加单位/人			
活动举办情况： 记录人：　　　___年___月___日			
效果 评估	评估人：　　　___年___月___日		
备注			

拟制：　　　　　　　　　审核：　　　　　　　　　批准：

第八章　物业秩序维护管理常用表格

秩序维护是物业管理的重要内容。各级秩序维护人员要按照相关要求做好秩序维护管理，同时，要对秩序维护管理做好记录，及时将工作的具体情况记录在各类表格中，并妥善保管好表格，以便对秩序维护工作以往的内容进行追溯和查询。

第一节　秩序维护管理可追溯记录

一、秩序维护管理的内容

秩序维护管理事关物业小区的安全。因此，秩序维护管理必须具备可追溯性，这就需要使用各种表格予以记录，保证所有管理都可以追溯。秩序维护管理的内容如表8-1所示。

表8-1　秩序维护管理的内容

序号	内容	详细说明
1	值班	值班是秩序维护管理的重要内容，通过值班，随时掌握小区内发生的事情，以便对突发事件等情况进行迅速反应
2	出入管控	出入管控是指对指定的大门或门口履行职责严格把守，对进出的车辆、人员、物品等进行检查、验证和登记的一系列工作过程，以维护物业辖区内部治安秩序、保障业主（用户）及其财产安全的一种保安业务活动
3	巡逻与巡查	巡逻是指在一定物业区域内有计划地巡回观察，以确保该区域的安全。而巡查一般是由主管人员进行不定期的巡视检查。只有通过不断的巡逻与巡查，才能不断发现小区存在的各种不安全因素，并及时予以排除，彻底保障小区安全

续表

序号	内容	详细说明
4	处理突发事件	在物业管理的日常工作中，有些安全隐患很难在事前进行控制，也不易被发现。因此，就会导致一些突发事件的发生。如果事故发生了，能及时有效地实行应急处理，可大大减小事故所造成的危害

二、值班工作记录

值班工作记录内容如下：

（1）值班人员。

（2）值班时间范围。

（3）值班要事。

（4）值班异常情况，如各类突发事件等。

（5）接班员。

（6）交接班时间。

（7）交接事项。

三、出入管控记录

出入管控记录内容如下：

1.来访人员出入登记

（1）来访日期、时间。

（2）来访人员姓名、性别、住址、证件名称及号码等。

（3）被访人信息。

（4）值班人。

2. 车辆出入登记

（1）登记日期。

（2）车牌号。

（3）车辆进入、离开时间。

（4）值班人。

四、巡逻工作记录

巡逻工作记录内容如下：

（1）巡逻的日期。

（2）巡逻的区域。

（3）巡逻的班次。

（4）巡逻的人员。

（5）巡逻的内容。

（6）巡逻中遇到的异常情况。

五、突发事件处理记录

突发事件处理记录内容如下：

（1）突发事件类别。

（2）突发事件发生时间、地点。

（3）突发事件报告人。

（4）突发事件处理经过。

（5）突发事件处理结果。

（6）突发事件发生原因分析。

第二节 秩序维护管理常用表格范本

一、值班记录表

值班记录表

文件编号：　　　　　　　　　　　　　　　　　　　　　　　版次：A/0

岗位		值班员	
值班时间			
要事记录			
交接班时间			
交班员		接班员	
交接事项			

拟制：　　　　　　　　　　审核：　　　　　　　　　　批准：

二、来访人员出入登记表

来访人员出入登记表

文件编号：　　　　　　　　　　　　　　　　　　　　　　　版次：A/0

日期	来访人姓名	性别	住址	证件名称及号码	被访人确认	来访时间	值班人	备注

拟制：　　　　　　　　　　审核：　　　　　　　　　　批准：

三、小区外来人员临时出入证

小区外来人员临时出入证

小区外来人员临时出入证

文件编号： 版次：A/0

姓名		工种		照片
出入原因说明				
安全护卫部意见				物业管理处 签章
有效期				

拟制： 审核： 批准：

四、业主（用户）临时存放物品登记表

业主（用户）临时存放物品登记表

文件编号： 版次：A/0

序号	日期	存放人	楼座号	存放物品名称	数量	标签编号	存放时间	值班人	取回时间	取回人签名	值班人	备注

拟制： 审核： 批准：

五、放行条

放行条

文件编号：　　　　　　　　　　　　　　　　　　　　　　版次：A/0

申请人		房号		电话	
放行原因		电话		证件及证号	
物品及数量					
财务意见			签名：　　　　　年　　　月　　　日		
客户服务中心意见			签名：　　　　　年　　　月　　　日		
值班保安员签名			签名：　　　　　年　　　月　　　日		
备注	仅当日有效 第一联：客户服务中心存根 第二联：安全护卫部保存				

拟制：　　　　　　　　　　审核：　　　　　　　　　　批准：

六、巡逻记录表

巡逻记录表

文件编号：　　　　　　　　　　　　　　　　　　　　　　版次：A/0

日期	班次	巡逻人员	巡逻结果	备注（相关处理情况记录）

拟制：　　　　　　　　　　审核：　　　　　　　　　　批准：

七、保安巡逻签到卡

保安巡逻签到卡

文件编号： 版次：A/0

岗位： 区域：

时间	签名	时间	签名	时间	签名

巡视记录：

拟制： 审核： 批准：

八、巡逻员值班记录表

巡逻员值班记录表

文件编号： 版次：A/0

班次	序号	时间	巡视路线	巡视情况记录	日常抽查签名

值班内容								
交接班签名	早班	交接人		中班	交接人		晚班	交接人	
		接班人			接班人			接班人	

拟制： 审核： 批准：

九、巡查记录表

巡查记录表

文件编号：　　　　　　　　　　　　　　　　　　　　　　版次：A/0

巡查人						
巡查区域						
巡查时间／巡查内容／问题描述						
1.有无闲杂可疑人员						
2.有无异味（煤气、烟、焦等）						
3.有无异常（呻吟、惊呼、求救）						
4.消防设备是否完好无缺						
5.防火、防盗门是否完好无缺						
6.应急灯是否完好无缺						
7.公共照明设施是否完好						
8.电器、开关等有无损坏松动						
9.天花、楼面、楼道有无破损						
10.其他问题						

拟制：　　　　　　　　　审核：　　　　　　　　　批准：

十、空置房巡查记录表

空置房巡查记录表

文件编号：　　　　　　　　　　　　　　　　　　　　　　　　　　版次：A/0

巡查人：　　　　　　　　　　　　　　　　　　　　　　　　　___年___月___日

序号	阁/楼/座	房号	巡查项目										异常情况记载	处理措施及结果	保安班长签名	保安主管签名
			门	锁	水	电	气	电器	地板	窗户	家具	房屋本体				

备注：

　　1.空置房屋的巡查周期为每班每＿＿＿＿＿天一次。

　　2.巡查项目中，如属正常，须在对应方格内划"√"，异常划"×"，并填写"异常情况记载"。

　　3."处理措施及结果"由保安班长填写。

　　4.在异常情况处理完成后＿＿＿＿日内，保安班长须将本表交保安主管需对结果进行签名确认。

拟制：　　　　　　　　　　审核：　　　　　　　　　　　　批准：

十一、查岗记录表

查岗记录表

文件编号：　　　　　　　　　　　　　　　　　　　　　　　　　　版次：A/0

查岗人员		查岗时间	
查岗记录			
备注			

拟制：　　　　　　　　　　审核：　　　　　　　　　　　　批准：

十二、突发事件报告表

突发事件报告表

文件编号：　　　　　　　　　　　　　　　　　　　　　　　版次：A/0

报告单位		报告人	
报告时间		案（事）件性质	
报告内容：			
安全护卫部意见			
管理处主任批示			
处理结果			

拟制：　　　　　　　　　审核：　　　　　　　　　批准：

十三、突发事件处理记录表

突发事件处理记录表

文件编号：　　　　　　　　　　　　　　　　　　　　　　　版次：A/0

部门			
事件主题		发生时间	
事件概述：			
处理办法：			

续表

执行人			完成时间	
处理结果：				
支持性单据（附后面）				
安全护卫部主管审核意见		签名：＿＿＿年＿＿＿月＿＿＿日		
备注				

拟制：　　　　　　　　审核：　　　　　　　　批准：

十四、治安报案登记表

治安报案登记表

文件编号：　　　　　　　　　　　　　　　　　　　　版次：A/0

＿＿＿年＿＿＿月＿＿＿日

报告人	姓名		性别		年龄		工作单位			
	住址						报案时间		报案方式	
案发时间							案发地点			
被告人或嫌疑人	姓名		性别		年龄		单位或住址			
	特征									

续表

简要案情	
受害情况、损失物品数量等	
处理情况	
备注	

拟制：　　　　　　　　审核：　　　　　　　　批准：

第九章　物业消防安全管理常用表格

消防安全管理是物业管理的重要工作，因为一旦发生消防事件，例如火灾，会给业主（用户）带来重大损失，同时也会给物业管理处的财产和声誉造成重大影响。物业消防安全管理应使用各类表格，做好记录，以便对以往的消防工作内容进行追溯和查询。

第一节　消防安全管理可追溯记录

一、消防安全管理的内容

消防安全管理的内容如表9-1所示。

表9-1　消防安全管理的内容

序号	内容	详细说明
1	建立消防安全管理组织	只有建立了消防安全管理组织，才能领导管理处做好日常消防安全管理工作，并在火灾发生时，及时处理
2	预防火灾	预防火灾是消防安全管理的核心内容，物业管理处人员都应当具备良好的预防意识，并做好各项日常消防安全管理工作，如动火作业控制等，预防火灾的发生
3	消防检查	只有通过不断地消防检查，才能发现并解决消防隐患，并及时消除隐患
4	消防器材管理	灭火器等消防器材是消防安全管理必不可少的重要内容，只有通过良好的管理，才能使其始终处于正常工作状态中

二、消防组织记录

消防组织记录内容如下：

（1）消防管理委员会的联系方式、工作电话等。

（2）消防管理委员会变动情况通知。

（3）义务消防队队员名单，名单上注明其联络方式。

三、消防巡查记录

消防巡查记录内容如下：

（1）巡查人员。

（2）巡查时间。

（3）巡查项目，如用火、用电情况、安全出口、疏散通道情况等。

（4）异常情况。

四、消防隐患整改记录

在日常消防检查中发现各种设备、设施有变异，或其他违反消防安全规定的问题，要立即查明原因，及时下发消防检查整改通知单，采取措施进行处理，不能拖延。消防隐患整改记录内容如下：

（1）消防隐患存在的区域、责任部门。

（2）消防隐患整改期限。

（3）消防隐患整改人员。

（4）消防隐患整改复查情况。

五、动火作业记录

物业管理区域内动火须经物业管理处主任审批，以有效控制动火行为，减少火灾隐患。为此必须制定动火审批制度。动火作业记录内容如下：

（1）动火作业申请记录，包括动火作业时间、动火作业申请人等。

（2）动火作业检查记录，包括对动火作业进行检查的时间、检查人等。

六、消防器材管理记录

消防器材是开展消防安全工作必不可少的重要助手。消防器材管理记录内容如下：

（1）消防器材登记信息，如灭火器、排烟阀、报警器、探测器、广播等的现存数量、状况。

（2）消防器材检查记录，如是否破损、是否过了保质期、是否安全使用、配备量是否足够等。

第二节　消防安全管理常用表格范本

一、消防巡查记录表

消防巡查记录表

文件编号：　　　　　　　　　　　　　　　　　　　　　版次：A/0

时间	班次	地点	异常情况记录	处理措施	巡查人

拟制：　　　　　　　　　　审核：　　　　　　　　　　批准：

二、消防设备巡查记录表

消防设备巡查记录表

文件编号：　　　　　　　　　　　　　　　　　　　　　　　　版次：A/0

检查项目	时间	地点	异常情况	巡查人员	备注
消火栓					
应急灯					
开关					
灭火器					
通道					
感烟探测器					
报警按钮					
正压送风门					
电井门					
防火门					
保安班长检查	签名：　　　　　___年___月___日				
保安主管审查	签名：　　　　　___年___月___日				
备注： "异常情况"一栏，一切正常时填"无"；有异常时简要描述异常情况。					

拟制：　　　　　　　　　审核：　　　　　　　　　批准：

三、消防电梯检查表

消防电梯检查表

文件编号：   版次：A/0

检查人：

电梯号	电梯状态			消防开关	信号灯					对讲电话
	返回首层	自动开门	声音提示	返回首层	上	下	编号	故障	门开启	通话

备注：
  正常打"√"，不正常打"×"。

拟制：   审核：   批准：

四、疏散灯消防检查表

疏散灯消防检查表

文件编号：   版次：A/0

楼层	检查日期	紧急出口灯			走向灯			检查结果	检查人
		数量	电路	灯管	数量	电路	灯管		

拟制：   审核：   批准：

五、消防巡查异常情况记录表

消防巡查异常情况记录表

文件编号：   版次：A/0

时间	地点	异常情况记录	处理措施	备注

拟制：   审核：   批准：

六、消防检查整改通知单

消防检查整改通知单

文件编号：   版次：A/0

收件人		房号		电话	
消防检查异常情况				检查人：___年___月___日	
整改期限					
整改措施				整改人：___年___月___日	
整改验收意见				验收人：___年___月___日	

拟制：   审核：   批准：

七、消防隐患整改月度汇总表

消防隐患整改月度汇总表

文件编号：　　　　　　　　　　　　　　　　　　　　　　　版次：A/0

　　　　　　　　　　　　　　　　　　　　　　　　　　　　___年___月

整改通知单编号	整改通知单下达时间	隐患部位	隐患摘要	消防责任人	整改完成时间	检查人	检查结果

拟制：　　　　　　　　　　审核：　　　　　　　　　　批准：

八、消防控制中心值班记录表

消防控制中心值班记录表

文件编号：　　　　　　　　　　　　　　　　　　　　　　　版次：A/0

值班时间			短暂离岗时间及事由					
消防监控中心观察情况	火灾报警系统	消火栓系统	喷淋系统		防排烟系统	对讲系统	消防电梯	
报警记录	序号	报警类别	报警时间	发生地点	实际情况	处理过程及结论	验证人签名	

续表

异常现象 描述					
中间交接 班记录		交班 人		接班 人	

拟制：   审核：   批准：

九、义务消防队队员名单

义务消防队队员名单

文件编号：   版次：A/0

序号	姓名	岗位/职务	部门	序号	姓名	岗位/职务	部门

备注：
本表需根据人员变更情况进行适时更新。

拟制：   审核：   批准：

十、紧急联系电话一览表

紧急联系电话一览表

文件编号：   版次：A/0

序号	部门	电话号码	主要负责人	备注

拟制：   审核：   批准：

十一、重点防火部位登记表

重点防火部位登记表

文件编号： 版次：A/0

序号	重点防火部位	重点防火原因	所属部门	部门负责人姓名	部门负责人联系电话

备注：
本表根据部门实际情况，及时调整重点防火部位。

拟制： 审核： 批准：

十二、临时动火作业申请表

临时动火作业申请表

文件编号： 版次：A/0

申请人		地址		申请日期	
动火作业起止时间			动火部位		
动火作业安全措施					
工程部主管意见	签名： ___年___月___日				
管理处主任意见	签名： ___年___月___日				

拟制： 审核： 批准：

十三、灭火器配置统计表

灭火器配置统计表

文件编号：

版次：A/0

___年___月___日

配置区域				防火责任人	
序号	类型	规格	数量	备注	

拟制：

审核：

批准：

十四、消防器材登记表

消防器材登记表

文件编号：

版次：A/0

___年___月___日

名称	型号	数量	登记人员
消火栓			
灭火器			
排烟阀			
报警器			
探测器			
指示灯			
指示牌			
其他			

拟制：

审核：

批准：

十五、消防器材日常检查表

消防器材日常检查表

文件编号：　　　　　　　　　　　　　　　　　　　　　版次：A/0

项目名称：					消防器材编号：				
日常维护人：					存放地点：				
日常维护标准： （1）灭火器内外应保持无灰尘、无碎屑、纸屑等杂物；（2）灭火器应在指点标致位置场所水平直角布置；（3）灭火器箱门、把手应保持完好无损；（4）灭火器箱周围1米内无任何物质；（5）应保持箱内标号标签和检查记录表完好无损。									
1	2	3	4	5	6	7	8	9	10
11	12	13	14	15	16	17	18	19	20
21	22	23	24	25	26	27	28	29	30
31	备注：								
月度维护人：									
月度维护标准： （1）灭火器的压力值应处于正常范围，压力表无雾化、损伤、变形；（2）灭火器保险销和铅封应保持完好；（3）灭火器筒体无锈蚀、变形现象；（4）灭火器铭牌应完整清晰；（5）灭火器喷嘴无变形、开裂、损伤，喷射软管无变形、损伤；（6）灭火器压把、阀体等金属器件无严重损伤、变形、锈蚀等影响使用的缺陷；（7）灭火器橡胶、塑料等器件无变形、变色、老化或断裂等现象；（8）监督日常维护人清楚完整地填好此表记录。									
备注：									

　　注意：休息时填"—"，正常时填"√"，异常时填"×"。并在"备注"栏填写异常的具体情况，并进行处理上报。此表由区域主管单位每月月底回收归档，同时为下一个月置换新表。

十六、消火栓检查记录表

消火栓检查记录表

文件编号：　　　　　　　　　　　　　　　　　　　　　　　版次：A/0

项目名称：　　　　　　　　　　　　　　　　　　　　　编号：

项目 ＼ 月份	一月	二月	三月	四月	五月	六月	七月	八月	九月	十月	十一月	十二月
是否有遮挡物												
箱门是否易打开												
箱内是否有杂物												
箱壁是否生锈												
水枪是否完好												
水带是否完好												
接扣是否完好												
阀门是否完好												
其他情况												
检查人（签名）												
检查日期												
要求	1.本记录表粘贴于消火栓箱门内侧，对消火栓进行检查时按照要求记录。 2.根据检查情况正常与否，在相应的空格内：合格打"√"；不合格打"×"；异常情况下要在相应的空格内简要注明原因，如果存在问题要在相应的空格内简要说明原因或注明处理结果。 3.本记录表要妥善保管，次年的一月末统一归档保存。											

第十章 物业车辆与停车场管理常用表格

由于业主（住户）车辆主要停放在小区的停车场中，物业管理企业应当加强对小区车辆与停车场的管理，并做好相关记录。这些记录工作当然离不开各类表格，以便进行追溯和查询。

第一节 车辆与停车场管理可追溯记录

一、车辆与停车场管理内容

车辆与停车场管理内容如表10-1所示。

表10-1 车辆与停车场管理内容

序号	内容	详细说明
1	车辆管理	车辆管理必须确保车辆本身的安全、车辆停放安全，以及做好车辆出入记录
2	停车场管理	良好的停车场管理应保障其始终处于正常运营状态中，维护停车场内车辆的安全

二、车辆管理记录

车辆管理是物业管理的重要内容。车辆管理记录涉及进、出、停放等多方内容。一般来说，车辆管理记录主要内容如下：

（1）车辆登记信息，包括车主姓名、住址、联系方式等。

（2）车辆出入信息，包括车牌号、车辆进入时间、离开时间、值班人等。

三、停车场管理记录

停车场是车辆停放的主要场所，其管理记录主要内容如下：

（1）交接班信息，包括交班人、接班人、交接班时间等。

（2）停车场收费信息，包括收费车辆、收费时间、收费金额、收费员等。

（3）停车场统计信息，包括停车牌使用情况统计信息、车位月保统计信息等。

第二节　车辆与停车场管理
常用表格范本

一、小区车辆登记表

小区车辆登记表

文件编号：　　　　　　　　　　　　　　　　　　　　　　　版次：A/0

　　　　　　　　　　　　　　　　　　　　　　　　___年___月___日

车主姓名		车主住址	
车牌号码		车名	
车身号码		车型	
购车日期		初检日期	

拟制：　　　　　　　　审核：　　　　　　　　　批准：

二、车辆出入卡

车辆出入卡

文件编号：   版次：A/0

日期	车牌号	入场时间	值班人	离开时间	值班人

拟制：   审核：   批准：

三、机动车出入登记表

机动车出入登记表

文件编号：   版次：A/0

进场		车牌号码	车型	颜色	出入登记卡号	值班员	离场		收费金额（元）	免费停车签名	值班员	保安主管签名
日期	时间						日期	时间				

备注：

    1.值班员必须认真填写各栏目。

    2.符合免费停车条件的车辆，其驾驶员必须签名。

    3.每班下班后，保安主管必须到场核实未收费情况并签名认可。

拟制：   审核：   批准：

四、无卡车辆离场登记表

无卡车辆离场登记表

文件编号：　　　　　　　　　　　　　　　　　　　　　　　　　　版次：A/0

值班员填写						车辆驾驶员填写				
离场时间	车主姓名	行驶证号	驾驶员姓名	身份证号码	值班员签名	车辆号码	车型	颜色	未带卡原因	驾驶员签名

备注：

　1.非业主驾驶无卡车辆外出须先到客户服务中心办理放行手续。

　2.值班员须根据驾驶员提供的有效证件填写相关内容。

　3.不得漏登、错登。

拟制：　　　　　　　　　　　审核：　　　　　　　　　　　批准：

五、停车场交接班记录

停车场交接班记录

文件编号：　　　　　　　　　　　　　　　　　　　　　　　　　　版次：A/0

交班人		接班人		交班人		接班人	
交接时间				交接时间			
运行记事				运行记事			
备注				备注			

拟制：　　　　　　　　　　　审核：　　　　　　　　　　　批准：

六、停车场收费登记表

停车场收费登记表

文件编号：_____   版次：A/0

_____年_____月_____日

车牌号码	车型	进场时间	出场时间	收费情况		收费员	备注
				卡类	金额		

拟制：   审核：   批准：

七、停车场每日收费汇总表

停车场每日收费汇总表

文件编号：_____   版次：A/0

_____年_____月_____日

收费类型	车牌号码	入场时间	出场时间	收费金额	备注
汇总情况	1.月卡车共____辆 2.储值卡车共____辆 3.临时车共____辆 4.免费车共____辆 5.实收金额：____元				

拟制：   审核：   批准：

八、停车场日当班收入登记表

停车场日当班收入登记表

文件编号： 版次：A/0

当班人： ___年___月___日

车辆类型	本班前场内车辆数	本班进场车辆数	本班出场车辆数	未离场车辆数	本班应收费	本班实收费	备注
	A	B	C	$D=A+B-C$			
收费车辆							
免费车辆							
其他车辆							
合计							
监督人		证明人			制表人		

备注：

"本班应收费"栏根据当班应该收取停车费的金额填写，"本班实收费"栏根据当班实际收到的现金数填写。

拟制： 审核： 批准：

九、停车场收费抽查记录表

停车场收费抽查记录表

文件编号： 版次：A/0

抽查时间		值班员	
抽查内容			
抽查结果			
抽查人			

拟制： 审核： 批准：

十、停车牌使用情况登记表

停车牌使用情况登记表

文件编号：   版次：A/0

日期	早班	中班	夜班	总计

拟制：   审核：   批准：

十一、车位月保统计表

车位月保统计表

文件编号：   版次：A/0

序号	车型	车牌	车主姓名	月保期	指定车位	月保费	备注

拟制：   审核：   批准：

十二、停车场巡查记录表

停车场巡查记录表

日期	班/次	检查时间	车辆停放数	机动车辆检查情况				消防设施检查情况			值班员
				车牌号	外观损坏	门窗未关	其他	消火栓	灭火器	其他	

备注：

　1.每班对停车场的全面巡查至少4次。

　2.发现现车辆有损坏、门窗未锁闭、车内有箱包等情况时，应立即填写"停车场车辆检查处理记录表"。

　3.发现消防设施有异常情况应立即填写"故障通知单"，管理处立即做出处理。

　4.本班发现的问题由本班负责跟进。

　5.力求统计准确，记录完整。

第十一章　物业收费常用表格

物业收费人员必须做好收费工作，既要为管理处收取全部应收管理费，又要避免与业主产生冲突，同时也要使用各类表格做好各项收费记录工作，以便于对工作内容进行追溯和查询。

第一节　物业收费可追溯记录

一、物业管理费的构成

物业收费主要是指对物业管理费的收取。物业管理费主要包括以下部分：

（1）管理、服务人员的工资和按规定提取的福利费，工资标准和福利费的计提应符合国家有关规定，并结合当地经济发展水平和物业管理市场状况。

（2）公共设施、设备日常运行、维修的保养费，包含公共水电费、各类系统维护费、道路维护费、更新储备金、不可预见费等。

（3）绿化管理费，包括工具材料费、水费、景观再造费等。

（4）安全护卫费，包括系统费用、器材费用等。

（5）清洁卫生费，包括清洁工具、劳保用品、卫生防疫杀毒费、化粪池清掏费、垃圾外运费和清洁环卫所需之其他费用。

（6）办公费，主要包括办公用品、交际费用、社区文化费用、车辆费用、广告宣传费用等。

（7）物业管理单位固定资产折旧费，折旧费的提取依据国家有关规定执行。

（8）保险费，是指为小区房屋配套设施、设备所投保险支出费用等。

（9）法定税金，提供小区服务所收取的应计税部分的收入，按服务性行业收取营业税。

（10）利润，物业管理服务收取费用的利润由各省、自治区、直辖市政府物价主管部门根据本区实际情况确定。

二、收费通知记录

收费通知记录内容如下：

（1）应缴费业主（用户）信息，如姓名、房间号等。

（2）收费项目说明。

（3）应缴费金额。

（4）缴费方式。

（5）上月欠费情况。

三、收费统计信息记录

收费统计信息记录内容如下：

（1）被统计的业主（用户）名称、房号、联系电话等。

（2）具体收费情况。

（3）具体欠费情况。

（4）统计日期。

第二节 物业收费常用表格范本

一、收费通知单

收费通知单

文件编号：   版次：A/0

___年___月___日

业主（住户）名称		银行名称		银行账号	
房间位置		房间代码		房间面积	
管理费及其他费用					
名称		管理费		维修基金	
本月费用					
往月欠费					
滞纳金					

走表类费用						
项目名称	上月读数	本月读数	实用量	本月金额	欠交费	滞纳金
水费						
电费						
其他						

本月交收		往月总欠款		滞纳金		费用减免
合计应收款			已交费用		预收余额	

备注：

　1.请在本月____日前将足够金额存入您的交款银行的账号，银行将于每月____日、____日对上月应缴费进行两次划款。

　2.若因存款不足银行托收拒划时，管理处将从当月____日起每天收取____‰的滞纳金。

　3.逾期____个月未缴付应缴费用的，管理处将根据有关规定采取停水、停电、停气等措施进行追缴。

拟制：　　　　　　　　　审核：　　　　　　　　　批准：

二、催款通知单签收记录表

催款通知单签收记录表

文件编号：   版次：A/0

房号	业主（住户）名称	累计欠费天数	催款通知单				最后催款通知单				暂停服务通知单			
			金额	签收日期	签收人	派送人	金额	签收日期	签收人	派送人	金额	签收日期	签收人	派送人

拟制：   审核：   批准：

三、物业管理费欠费两个月的业主（住户）明细表

物业管理费欠费两个月的业主（住户）明细表

文件编号：   版次：A/0

　　　年　　　月　　　日

业主（住户）编码	房号	业主（住户）名称	欠费金额	联系电话	备注

拟制：   审核：   批准：

四、欠费业主（住户）信息统计表

欠费业主（住户）信息统计表

文件编号：　　　　　　　　　　　　　　　　　　　　　　　　　　　　版次：A/0

　　　　　　　　　　　　　　　　　　　　　　　　　　　　　　　___年___月___日

业主（住户）名称	业主（住户）类别	住址	水费	管理费	房屋本体维修基金	滞纳金	费用汇总

拟制：　　　　　　　　　　　审核：　　　　　　　　　　　批准：

五、空置欠管理费及维修基金清单

空置欠管理费及维修基金清单

文件编号：　　　　　　　　　　　　　　　　　　　　　　　　　　　　版次：A/0

　　　　　　　　　　　　　　　　　　　　　　　　　　　　　　　___年___月___日

业主（住户）名称	面积	管理费单价	计费日期	小计	房屋本体维修基金	计费日期	小计	合计

拟制：　　　　　　　　　　　审核：　　　　　　　　　　　批准：

六、应收账款（费用）账龄分析表

应收账款（费用）账龄分析表

文件编号：_____ 版次：A/0

_____年_____月_____日

账龄 / 业主（住户）	A业主（住户）		B业主（住户）		C业主（住户）		D业主（住户）		E业主（住户）	
	面积	金额	面积	金额	面积	金额	面积	金额	面积	金额
备注										

拟制： 审核： 批准：

七、房屋本体维修基金使用情况统计表

房屋本体维修基金使用情况统计表

文件编号：_____ 版次：A/0

_____年_____月_____日

类别	数目	详细说明
收取基金总面积	（平方米）	
基金收取额度	（元/平方米）	
本月应收	（元）	
本月支出	（元）	

续表

类别	数目	详细说明
本月使用率	（%）	
本月维修总单数	（单）	
本月1000元以上维修单数	（单）	
上次结余总数	（元）	
本次结余总数	（元）	

拟制：   审核：   批准：

第十二章　物业工程管理常用表格

工程管理是物业管理的一项常规工作内容。只有做好了相关工作，才能使得小区的房屋保持完好，同时也使设施设备正常运转，以减少这方面的经营成本，为物业管理处增加效益。工程管理人员必须使用各类表格做好记录，以便对工作内容进行追溯和查询。

第一节　工程管理可追溯记录

一、工程管理的内容

1.房屋本体维护管理

房屋本体是指房屋结构相连或具有共有、共用性质的部位，包括：

（1）房屋的承重结构部位。

（2）抗震结构部位。

（3）外墙面。

（4）楼梯间。

（5）公共通道。

（6）门厅。

（7）公共屋面。

（8）公用排烟道等。

另外，与房屋本体相关的还有一些公用设施，如区内道路、公用部位照明、沟渠、池、井、园林绿化地、文化娱乐体育场所及设施、停车场、连廊、自行车房（棚）、地下排水管等。

房屋本体维护管理包括对其日常保养；定期维修等内容。

2.设施设备维护管理

物业设施设备包括供电设备、供水设备、楼内消防设备、采暖设备、电梯设备等。物业设施设备的维护管理包括了设备的运行操作、设备养护、设备维修等内容。

二、工程部日常工作记录

工程部日常工作包括值班、交接班、统计用电、用水情况等。日常工作记录内容如下：

（1）参与工作的人员。

（2）工作完成的时间。

（3）工作涉及的具体内容。

三、房屋本体维护管理记录

房屋本体维护管理是工程管理的重要内容，包括检查、维修、养护工作等。房屋本体维护管理记录内容如下：

（1）维护的项目。

（2）维护工作时间安排。

（3）维护工作内容。

（4）维护工作实施人员。

四、设施设备维护管理记录

物业管理设施设备维护管理记录主要内容如下：

（1）被维护的设备名称。

（2）维护的周期。

（3）维护的具体内容。

（4）维护的地点。

（5）实施维护的人员。

（6）维护工作的检查人员。

第二节　工程管理常用表格范本

一、工程部值班交接记录表

工程部值班交接记录表

文件编号：　　　　　　　　　　　　　　　　　　　　　　　　版次：A/0

值班日期		值班时段			值班人	
值班内容			处理结果或建议			
接班人员意见						
接班日期		接班时间			接班人员	

拟制：　　　　　　　　　审核：　　　　　　　　　批准：

二、用电情况汇总报表

_____月份用电情况汇总报表

文件编号：   版次：A/0

类别	用电位置	用电量（度）	抄表日期	抄表人
公共用电	电梯			
	水泵			
	室外公共照明			
	风机房			
	楼道照明（应急）			
	楼道常规照明			
	停车场公共照明			
	办公用电			
	其他			
个人用电	商铺			
	楼层业主（用户）			
	中央空调（分摊）			
公共用电合计				
个人用电合计				
本月用电合计				
电表总表读数				
用电损耗量				

拟制：   审核：   批准：

三、用水情况汇总报表

_____月份用水情况汇总报表

文件编号：　　　　　　　　　　　　　　　　　　　　版次：A/0

类别		用水量（吨）	抄表日期	抄表人
个人用水量				
公共用水量	消防			
	卫生清洁			
	绿化			
	办公用水			
	公共洗手间			
本月实际用水量				
总表读数				
本月理论用水量				
本月用水损耗				

拟制：　　　　　　　　审核：　　　　　　　　批准：

四、消防水动用申请单

消防水动用申请单

文件编号：　　　　　　　　　　　　　　　　　　　　版次：A/0

____年__月__日

动用时间	
动用消防水理由	
申请责任人	

续表

工程部意见	
安全护卫部意见	
管理处主任意见	

拟制：　　　　　　　　　审核：　　　　　　　　　批准：

五、房屋设施零星小修记录表

房屋设施零星小修记录表

文件编号：　　　　　　　　　　　　　　　　　　版次：A/0

日期	设施名称	维修内容	维修人员

拟制：　　　　　　　　　审核：　　　　　　　　　批准：

六、房屋设施保养计划表

房屋设施保养计划表

文件编号：　　　　　　　　　　　　　　　　　　版次：A/0

　　　　　　　　　　　　　　　　　　____年___月___日

保养项目	保养内容	保养所需材料	保养人	保养日期
外墙瓷片				
外墙清洗				
楼顶隔热层				
楼道内涂料				

续表

保养项目	保养内容	保养所需材料	保养人	保养日期
楼梯扶手				
防火门				
停车场设施				
外墙防漏				
楼顶防水				
楼道内踏步				
单元门				

拟制：　　　　　　　　　审核：　　　　　　　　　批准：

七、房屋中（大）修工程计划表

房屋中（大）修工程计划表

文件编号：　　　　　　　　　　　　　　　　　　　　版次：A/0

工程名称	
工程日期	
计划维修人员	

工程内容（包括维修内容和材料预算等）：

工程部主管意见：

签名：＿＿＿年＿＿＿月＿＿＿日

管理处主任意见：

签名：＿＿＿年＿＿＿月＿＿＿日

拟制：　　　　　　　　　审核：　　　　　　　　　批准：

八、房屋完好率统计表

房屋完好率统计表

文件编号： 版次：A/0

统计时间/月	1	2	3	4	5	6	7	8	9	10	11	12
总建筑面积（平方米）												
完好房面积（平方米）												
一般损坏房面积（平方米）												
严重损坏房面积（平方米）												
危险房面积（平方米）												
房屋完好率（%）												
统计结果												
统计人签名												

备注：

$$房屋完好率 = \frac{完好房面积}{总建筑面积} \times 100\%$$

拟制： 审核： 批准：

九、设备台账

设备台账

文件编号： 版次：A/0

序号	设备编号	设备名称	设备卡片号	型号	规格	制造商	出厂日期	安装日期	安装地点	设备原值	设备净值

拟制： 审核： 批准：

十、设备保养计划表

设备保养计划表

文件编号：　　　　　　　　　　　　　　　　　　　　　　　　版次：A/0

　　　　　　　　　　　　　　　　　　　　　　　　　　____年____月____日

序号	设备名称	保养内容	保养周期	保养日期	保养人	备注

拟制：　　　　　　　　　　审核：　　　　　　　　　　批准：

十一、大型设备维修报批表

大型设备维修报批表

文件编号：　　　　　　　　　　　　　　　　　　　　　　　　版次：A/0

　　　　　　　　　　　　　　　　　　　　　　　　　　____年____月____日

维修时间		地点	
维修人员			
维修内容：			
维修方案（包括时间、人工、材料等）：			

续表

工程部主管：			
	签名：	___年___月___日	
管理处主任：			
	签名：	___年___月___日	

拟制：　　　　　　　　　　审核：　　　　　　　　　　批准：

十二、设备报修登记表

设备报修登记表

文件编号：　　　　　　　　　　　　　　　　　　　　　　版次：A/0

序号	报修时间	报修项目（内容）	报修人/联系电话	记录人	执行人员	备注（注明相关记录）

拟制：　　　　　　　　　　审核：　　　　　　　　　　批准：

十三、设备维修登记表

设备维修登记表

文件编号：　　　　　　　　　　　　　　　　　　　　　　版次：A/0

序号	维修时间	维修项目（内容）	维修人员	备注（注明相关记录）

拟制：　　　　　　　　　　审核：　　　　　　　　　　批准：

十四、设备大修历史记录表

设备大修历史记录表

文件编号：   版次：A/0

设备名称		设备型号		设备编号	
使用部门		安装位置		使用日期	
大修历史					
日期	大修记录内容			维修单号码	记录人

拟制：   审核：   批准：

第十三章　物业保洁管理常用表格

为业主（用户）提供一个干净、整洁、优美的居住环境是保洁人员的重要责任，这就要求保洁人员严格做好日常保洁工作。同时保洁人员应当将保洁工作情况如实记录在相关表格中，以便可以对工作开展的具体状况进行准确追溯。

第一节　物业保洁管理可追溯记录

一、保洁管理的内容

保洁管理的内容如表13-1所示。

表13-1　保洁管理的内容

序号	内容	详细说明
1	公共地方的保洁	公共地方的保洁是指物业区域内，对小区楼栋前后左右的公共地方，包括道路、广场、空地、绿地等的清扫保洁
2	共用部位的保洁	共用部位的保洁是指对楼栋地层到顶层屋面上下空间的共用部位，包括楼梯、走道、电梯间、大厅、平台等的清扫保洁
3	生活垃圾的处理	生活垃圾的处理是指日常生活垃圾（包括装修垃圾）的分类收集、处理和清运。包括要求和督促业主（用户）按规定的地点、时间和要求，将日常垃圾倒入专用容器或者指定的垃圾收集点，不得擅自乱倒

二、保洁作业记录

保洁作业因项目不同，记录内容也会有所不同。但一般性保洁作业记录内容如下：

（1）作业的计划安排。

（2）作业的分工。

（3）作业的工具与材料。

（4）作业的时间。

（5）具体作业事项。

（6）作业标准。

（7）作业的检查人员。

三、保洁检查记录

只有通过有效地检查才能确保保洁作业按照相关标准要求顺利实施。因此，物业管理处应组织好保洁检查工作，检查工作应使用相应检查表，如室内卫生检查表、室外卫生检查表等。

保洁检查记录常规内容如下：

（1）检查日期。

（2）检查人员，即负责进行检查的人员，一般为保洁主管等。

（3）受检人员，即保洁作业的实际作业人员。

（4）检查内容，即检查的具体内容，如人行道、散水坡、排水沟、停车场等。

（5）不合格次数，即检查发现的不合格次数。

（6）处理意见，由检查人员填写的处理意见，供保洁作业人员进行改善之用。

第二节　保洁管理常用表格范本

一、主要清洁设备登记表

主要清洁设备登记表

文件编号：　　　　　　　　　　　　　　　　　　　　　　　版次：A/0

登记日期	设备名称	数量	单价	专/共用	使用年限	登记人

拟制：　　　　　　　　　　审核：　　　　　　　　　　批准：

二、清洁区域分工安排表

清洁区域分工安排表

文件编号：　　　　　　　　　　　　　　　　　　　　　　　版次：A/0

　　　　　　　　　　　　　　　　　　　　　　　　　　___年___月___日

姓名	负责区域	清洁日期	上下班时间	备注

拟制：　　　　　　　　　　审核：　　　　　　　　　　批准：

三、垃圾（固体废弃物）清运登记表

垃圾（固体废弃物）清运登记表

文件编号：　　　　　　　　　　　　　　　　　　　　　　　版次：A/0

日期	清运时间		固体废弃物清运数量（车）			清运合计（车）	备注
	上午	下午	一般垃圾	可回收垃圾	有害垃圾		

拟制：　　　　　　　　　　审核：　　　　　　　　　　批准：

四、消杀服务记录表

消杀服务记录表

文件编号：　　　　　　　　　　　　　　　　　　　　　　　版次：A/0

项目 记录 地点	灭蚊蝇、蟑螂		灭鼠		死鼠数量	消杀人	消杀日期	监督人	备注
	喷药	投药	放药	堵洞					
垃圾池									
垃圾中转站									
污雨水井									
化粪池内									
管道、管井									
沉沙井									
绿地									
楼道									

续表

记录 项目 地点	灭蚊蝇、蟑螂		灭鼠		死鼠数量	消杀人	消杀日期	监督人	备注
	喷药	投药	放药	堵洞					
车库									
食堂、宿舍									
地下室									
设备房									
仓库									
商业网点									
会所									

拟制：　　　　　　　　　审核：　　　　　　　　　批准：

五、室内卫生检查表

室内卫生检查表

文件编号：　　　　　　　　　　　　　　　　　　　版次：A/0

检查日期	检查人员	受检人员	检查项目													不合格次数	处理意见
			消火栓	信报箱	走廊	墙面	窗户	开关	天台	雨篷	楼道梯级	楼道地面	楼道灯具	扶手	其他		

备注：
　　合格在记录栏内打"√"，不合格时在对应栏内打"×"，并注明不合格原因。

拟制：　　　　　　　　　审核：　　　　　　　　　批准：

六、室外卫生检查表

室外卫生检查表

文件编号： 版次：A/0

检查日期	检查人员	受检人员	检查内容																不合格次数	处理意见
			人行道	散水坡	排水沟	停车场	游乐场	卫生间	垃圾池	马路	岗亭	雕塑	绿地	标志牌	宣传栏	路灯	污水井	喷水池		

备注：
　合格在记录栏内打"√"，发现不合格时在对应栏内打"×"，并注明不合格原因。

拟制： 审核： 批准：

七、地面清洁每日检查表

地面清洁每日检查表

文件编号： 版次：A/0

　　　　　　　　　　　　　　　　　　　　　　　　　　____年____月____日

序号	检查区域	检查结果	检查时间	检查人	被检人确认
1	地面停车场				
2	地下停车场				
3	路面				
4	会所				
5	……				

拟制： 审核： 批准：

八、环境清洁每月检查表

环境清洁每月检查表

文件编号：　　　　　　　　　　　　　　　　　　　　　　　　版次：A/0

　　　　　　　　　　　　　　　　　　　　　　　　　　　　___年___月___日

检查日期	检查人员	受检人员	检查项目							检查结果	处理结果
			果皮箱	垃圾屋及地面	大理石地面	地毯	进出口雨篷	楼内公共门、玻璃门、消火栓、楼梯扶手、栏杆、灯开关等	走廊		

拟制：　　　　　　　　　　　审核：　　　　　　　　　　　批准：

九、消杀服务质量检查表

消杀服务质量检查表

文件编号：　　　　　　　　　　　　　　　　　　　　　　　　版次：A/0

　　　　　　　　　　　　　　　　　　　　　　　　　　　　___年___月___日

检查项目　检查地点	灭蚊	灭蝇	灭鼠	灭蟑螂	被检人	检查人	不合格处理措施
垃圾池							
垃圾中转站							
污雨水井							
化粪池内							

续表

检查项目 检查地点	灭蚊	灭蝇	灭鼠	灭蟑螂	被检人	检查人	不合格 处理措施
管道、管井							
沉沙井							
绿地							
楼道							
车库							
食堂、宿舍							
地下室							
设备房							
仓库							
商业网点							
会所							
备注： 　请参照"消杀服务质量检查标准"在表中填入检查结果，合格打"√"，不合格打"×"。							

拟制：　　　　　　　　　审核：　　　　　　　　　批准：

第十四章 物业绿化管理常用表格

绿化就是按照自然规律要求，创造出一个适合于小区业主（用户）生活的安静、舒适而且优美的绿色环境的工作。绿化人员要做好绿化工作，为小区业主（用户）创造一个干净而充满活力的生活环境，同时将工作记录在相应表格中，以便对工作进行追溯。

第一节 绿化管理可追溯记录

一、绿化管理的内容

绿化管理的内容如表 14-1 所示。

表 14-1 绿化管理的内容

序号	内容	详细说明
1	除杂草、松土、培土	除杂草、松土、培土是养护工作的重要组成部分。经常除杂草，可防止杂草与草坪在生长过程中争水、争肥、争空间而影响草坪的正常生长
2	排灌、施肥	在对草坪、乔木、灌木进行排灌、施肥时，应按植物种类、生产期、生产季节天气情况等的不同有区别地进行，保证水、肥充足适宜
3	补植	对于被破坏的草地和乔木、灌木要及时进行补植，要及时清除灌木和花卉的死苗，乔木发现死树时，也要进行及时的清理，从而做到乔木、灌木无缺株、死株，绿篱无断层
4	修剪、造型	根据植物的生长特性和长势，应适时对其进行修剪和造型，以增强绿化、美化的效果

续表

序号	内容	详细说明
5	病虫害防治	病虫害对花、草、树木的危害很大，轻者影响景观，重者导致花、草、树木的死亡，因此做好病虫害的防治工作是很重要的，病虫害的防治工作应以防为主，精心管养，使植物增强抗病虫的能力
6	绿地及设施的维护	绿地维护应做到绿地完善，花、草、树木不受破坏，绿地不被侵占，绿地版图完整，无乱摆乱卖、乱停乱放的现象
7	防旱、防冻	在旱季，根据天气预报和绿地实际情况，检查花、草、树木的生长情况，做好防旱、抗旱的组织和实施工作，预测出花、草、树木的缺水时限并进行有效的抗旱。在进行防冻工作时，必须按植物生长规律采取有效的措施，从而保持花、草、树木的良好生长

二、绿化作业记录

绿化作业因项目不同，记录内容有所不同。但一般性绿化作业记录内容如下：

（1）作业的计划安排。

（2）作业的时间。

（3）具体作业事项。

（4）作业人员。

（5）作业的检查人员。

三、绿化检查记录

要确保绿化工作得到有效完成，物业管理处应当组织好对其检查工作。检查工作应使用相应的检查表。

1.常规检查记录

常规检查记录如每日检查表、周、月检查表等，主要用于日常检查工作。记录内容如下：

（1）检查项目，如草坪、乔灌木、绿篱等。

（2）检查标准，如草坪修剪平整等。

（3）检查结果，即参照检查标准获得的具体结果。

2.季节性检查记录

不同的季节有不同的检查要求。季节性检查应当按照每个季节的不同特点进行。季节性检查记录一般也是由检查项目、检查标准与检查结果构成，但是要按季节的特征进行。

第二节　绿化管理常用表格范本

一、盆栽更换验收表

盆栽更换验收表

文件编号：　　　　　　　　　　　　　　　　　　　　　　　版次：A/0

更换地点	更换日期	更换数量	新换植物名称	更换原因	新换植物生长情况	验收人	备注

拟制：　　　　　　　　　　审核：　　　　　　　　　　批准：

二、绿化养护记录表

绿化养护记录表

文件编号： 版次：A/0

日期	绿化养护地点	工作内容	责任人	检查效果	检查人	备注

拟制： 审核： 批准：

三、绿化喷药记录表

绿化喷药记录表

文件编号： 版次：A/0

喷药日期	喷药地点	用药种类及浓度	防治病虫害种类	用药效果	喷药人签名	绿化主管签名

拟制： 审核： 批准：

四、绿化工具使用登记表

绿化工具使用登记表

文件编号： 版次：A/0

使用日期	工具名称	工具编号	使用地点	使用时长	用前状况	用后状况	使用人

拟制： 审核： 批准：

五、绿化工作日常检查表

绿化工作日常检查表

文件编号： 版次：A/0

绿化工： 绿化检查人：

检查项目 \ 检查日期							
绿化工着装整洁，符合要求							
草坪	修剪平整，在2～8厘米						
	无黄土裸露						
	无杂草、病虫和枯黄						
乔灌木	无枯枝残叶和死株						
	修剪整齐，有造型						
	无明显病虫和粉尘污染						

续表

检查项目 ＼ 检查日期							
绿篱	无断层、缺株现象						
	修前整齐有造型						
	无明显病虫和粉尘污染						
花卉	无病虫						
	无杂草，花期花开正常						
	修前整齐						
藤本	枝蔓无黄叶，长势良好						
	蔓叶分布均匀						
	无明显病虫和粉尘污染						
浇水施肥	是否及时						
	方法是否正确						
	有无浪费现象						
	是否按时查病虫						
园艺设施	护栏、护树架、水管、龙头是否良好						
	供水设施、喷灌设施等是否完好						
	园艺设施维修是否及时						
绿化药剂是否符合标准							
作业过程是否佩戴全安防护用具							
是否通知业主并放置相应标志牌							
物业管理处环境组							
物业管理处主任							

拟制： 审核： 批准：

六、绿化工作每日检查表

绿化工作每日检查表

文件编号：　　　　　　　　　　　　　　　　　　　　　版次：A/0

　　　　　　　　　　　　　　　　　　　　　　　___年___月___日

检查内容	合格	不合格原因	责任人（岗位）	处理结果
乔木整枝				
灌木、绿篱				
造型修剪				
树木、花卉施肥				
治病杀虫				
树木、草地浇水				
花圃、花卉浇水				
除杂草				
松土				
补栽、补种				
清理枯枝落叶				
清理绿地石块				
防风排涝				

备注：
　对照"绿化工作检验标准"，合格的项目打"√"，不合格的项目在相应栏内做简要说明。

拟制：　　　　　　　　　审核：　　　　　　　　　批准：

七、绿化工作每月检查表

绿化工作每月检查表

文件编号：　　　　　　　　　　　　　　　　　　　　　版次：A/0

　　　　年　　月

检查项目	合格	不合格原因	责任人（岗位）	处理结果
除杂草				
松土				
清理枯枝、落叶				
清理绿地、石块				
树木、草地浇水				
叶面清洁度				
树木施肥				
乔木整枝				
灌木整枝				
绿篱修缮				
防寒工作				
防台工作				
草坪修整				
草坪补缺				
草坪填平				

备注：
　　对照"绿化工作检验标准"，合格的项目打"√"，不合格的项目在相应栏内做简要说明。

拟制：　　　　　　　　审核：　　　　　　　　批准：

八、绿化工作春季检查表

绿化工作春季检查表

文件编号：   版次：A/0

检查项目	检查标准	检查结果	处理措施	检查人
冬季翻土春季平整	翻土的深度应在20厘米以上，春季平整			
草坪养护	草坪加土护根			
	草坪挑草			
乔灌木	乔灌木清除枯枝烂头			
修剪	乔灌木整形修剪			
病虫害防治	清除树上的蛀虫			
保洁	小区绿地保持整齐			
树木调整	根据园林布置要求进行调整			

拟制：   审核：   批准：

九、绿化工作夏季检查表

绿化工作夏季检查表

文件编号：   版次：A/0

检查项目	检查标准	检查结果	处理措施	检查人
修剪	剪除冬、春季干枯的枝条			
	修剪常绿树篱（绿篱），修剪时要注意绿篱表面的平整			
中耕除草	及时消灭树下的杂草，草高应控制在10厘米以下			
病虫害防治	做好病虫害的防治工作，及时消灭树上的害虫			

续表

检查项目	检查标准	检查结果	处理措施	检查人
草坪	做好草坪的除杂草工作，使草坪无大型杂草			
养护	做好草坪的割草工作，草高一般保持在6～10厘米			
保洁工作	做好绿地内的保洁工作，保持绿地内的整洁			
做好排涝工作	做好排涝的准备工作，及时清除小区内的积水			
树木调整	根据园林布置要求进行调整			

拟制：　　　　　　　　　　审核：　　　　　　　　　　批准：

十、绿化工作秋季检查表

绿化工作秋季检查表

文件编号：　　　　　　　　　　　　　　　　　版次：A/0

检查项目	检查标准	检查结果	处理措施	检查人
修剪	对乔灌木进行修剪，同时剪除所有树木上的枯枝条			
修剪	修剪绿篱，修剪时要注意绿篱表面的平整			
草坪养护	做好草坪的除杂草工作，使草坪无大型杂草			
草坪养护	做好草坪的割草工作，草高一般保持在6～10厘米			
病虫害防治	做好病虫害的防治工作，及时消灭树上的害虫			
保洁工作	清除绿地内的垃圾杂物，保持绿地内的整洁			

续表

检查项目	检查标准	检查结果	处理措施	检查人
做好抗旱排涝工作	做好抗旱、排涝工作的准备，随时对绿地进行抗旱或排涝			
做好防台、防汛工作	对树木进行检查，发现险情及时处理			

拟制：　　　　　　　　　审核：　　　　　　　　　批准：

十一、绿化工作冬季检查表

绿化工作冬季检查表

文件编号：　　　　　　　　　　　　　　　　　　　　　版次：A/0

检查项目	检查标准	检查结果	处理措施	检查人
修剪	对落叶乔灌木进行整形、修剪，剪除树木上的枯枝、病虫枝和过密枝			
草坪养护	对草坪低洼处进行覆土，使草坪不积水			
	清除草坪上的杂草			
	草坪割草，草高保持在6～10厘米			
病虫害防治	消灭越冬病虫害			
保洁工作	做好绿地保洁工作，使绿地内保持整洁			
树木调整	根据小区绿地需要，做好小区树木移植工作			
翻土	做好绿地翻土工作，土深要求在20厘米以上			
清除死树	做好对死树的挖掘、清运工作			

拟制：　　　　　　　　　审核：　　　　　　　　　批准：